投資家が「お金」よりも大切にしていること

藤野英人

星海社

30

SEIKAISHA SHINSHO

私は、**お金**が大好きです。
福沢諭吉
M350710N

いまの私のセリフを聞いて
顔をしかめたあなたは、

お金のことを
何も知らないのでしょう。
£50

お金を知り、
お金を好きになれれば、
人生も世の中も、最高にカラフルに輝き出すのです。

はじめに

あなたがペットボトルに支払った「150円」の行方《ゆくえ》

みなさん、こんにちは。

ファンドマネージャーの藤野英人《ひでと》です。

ファンドマネージャーといっても、少しイメージしづらい職業かもしれませんね。みなさんから集めたお金（資金・資産＝ファンド）を運用する職業のことで、私はかれこれ20年以上、この仕事にたずさわっています。

要は、預かったお金をいろいろなところに投資し、そのリターンを得る仕事だと言っていいでしょう。

今日は、「資産運用のプロ」として、そして、ひとりの投資家として、**みなさんと一緒に〝お金〟のことについて考えていきたい**と思います。

さて、いきなりですが、みなさんはお金と聞いて、どのようなイメージを持っているでしょうか？

あなたにとって、お金とはいったいなんでしょうか？

まあ、あまりに漠然《ばくぜん》としていて、つかみどころのない質問かもしれませんね。

では、具体的に考えていくために、つぎの問題に答えてみてください。

問題
あなたはコンビニでペットボトルのお茶を買いました。
値段は１５０円。
そのお金は、コンビニのレジに収《おさ》まったあと、いったいどこに行くのでしょうか？

簡単な問題かもしれませんが、2、3分間、じっくり考えてみてほしいと思います。

私は、明治大学で、起業や起業家精神について学ぶ「ベンチャーファイナンス論」の授業を受け持ったりもしているのですが、そこの大学生に同じ問題を出したところ、以下のような答えが返ってきました。

学生A「サントリーとかアサヒとか、そのお茶をつくったメーカーの売上になる」
学生B「メーカーだけじゃなくて、コンビニの売上にもなります」
学生C「コンビニに商品をはこぶ運送業者の利益にもなるのでは？」
学生D「それだったら、お茶農家の人の給料にもなると思います」

こういった感じに、いろいろな答えが返ってきたのですが、どれも正解です。じつはこの問題の正解はひとつではなく、もうほとんど無限にあるんですね。

思いつくかぎり、挙げてみましょう。

アルバイト、運送業者、ドライバーさん、**お茶農家**、肥料業者、農具メーカー、パッケージのデザイナー、イラストレーター、ソフトウェア会社、ペットボトルの素材業者、素材業者にお金を貸している銀行、消費者金融、タンカー業者、海運業者、印刷会社、印刷会社の会計担当、税理士、税務署役人、自動販売機メーカー、広告代理店、**農協**、塗料メーカー、**タレント事務所**、俳優、鉛筆製造業者、グラビアアイドル、カメラマン、コピーライター、コンピュータメーカー、半導体メーカー、トラック会社、自動車メーカー、**ベアリングメーカー**、タイヤメーカー、高速道路の建造業者、変圧器類製造業、高速料金所の係員、ガソリンスタンド、制服メーカー、会計ソフトメーカー、会計士事務所、弁護士事務所、人材派遣業者、**証券会社**、コンサルティング会社、市場調査会社、ウェブ制作会社、システムエンジニア、プログラマー、水道業者、**ダム会社**、お客様センター、テレフォンオペレーター、国家公務員、役所の受付、建築士、医師、光ファイバーケーブル製造業、看護師、警察官、料理人、**金物屋さん**、飲食店経営者、学校の先生、予備校講師、マーケター、不動産会社、編集者、炭坑で働く人、**免許教習所の教官**、プロスポーツ選手、刺繍師、駅長、演奏家、映画監督、お笑い芸人、活動弁士、官房長官、環境計量士、校長、書店経営者、清掃会社、救急救命士、神父さん、珈琲ショップ、NG

O、ツアーコンダクター、ビルの管理人さん、マジシャン、無線通信士、薬剤師、ライトノベル作家、ピアニスト、ルートセールス配送員、梱包工、玩具製造工、養蚕作業員、守衛さん、百貨店、政治家、テレビマン、床屋さん、理容品メーカー、自衛隊、数学者、製紙業、ドラッグストア、携帯電話会社、スーツ販売業者、製糸メーカー、ボタンメーカー、デパート、ハンドバッグ製造業者、圧縮ガス・液化ガス製造業者、タクシー運転手、気象予報士、靴職人、左官、ガラスメーカー、介護福祉士、騎手、砂糖製造業者、ベビーシッター、通訳者、バイオ技術者、貿易スタッフ、コンシェルジュ、国際ボランティア、海上保安官、入国警備官、損得査定係事務員、アクチュアリー、通関士、建築用木製組立材料製造業者、ドアマン、酪農家、デバッガー、航空整備士、磨棒鋼製造業、CADオペレーター、たばこ製造業者、広報スタッフ、潤滑油製造業、経理・財務、金融ディーラー、バイヤー、カラーコーディネーター、マーチャンダイザー、配管工、空間デザイナー、溶接工、旋盤工、パタンナー、牧師、バリスタ、ルートセールスマン、織物整理業者、畳屋さん、レンタルビデオ店、クリーニング店、探偵、雀荘店員、果樹作農家、種苗養殖業者、新聞配達、内閣総理大臣、中古品小売業者、工業用水道業、ホテルマン、リゾート開発業、郵便局受託業者、動物のお医者さん、図書館司書、あなた自身は、どのような人、もしくは会社をイメージしたでしょうか？

まずは、学生の答えにもあったように、その商品を製造・販売しているメーカーの人たちですね。コンビニで購入したのであれば、そのお店の売上や、そこで働いている人の給料にも貢献しています。

つぎにイメージできるのは、商品を運送する流通の人たちや、ペットボトルを製造している人たちでしょう。ペットボトルを製造するためには、原材料である石油が必要ですから、石油会社の人たちの売上にもなっています。

そう考えると、アラブの産油国から日本に石油を運ぶタンカー会社の人たちの売上にもなっていますね。

また、パッケージをデザインした人やそれを印刷している人たちの姿も見えてきます。デザインのために必要となるパソコンやデザインソフトのメーカー、印刷機メーカー、製紙業者、木材を伐採《ばっさい》する人たち。さらに、お茶の葉を生産している農家の人たちや、そのための肥料や農薬を販売している人たち、茶畑を耕《たがや》す農具をつくっている人たち……。

挙げ出すと、やはりキリがなさそうです。

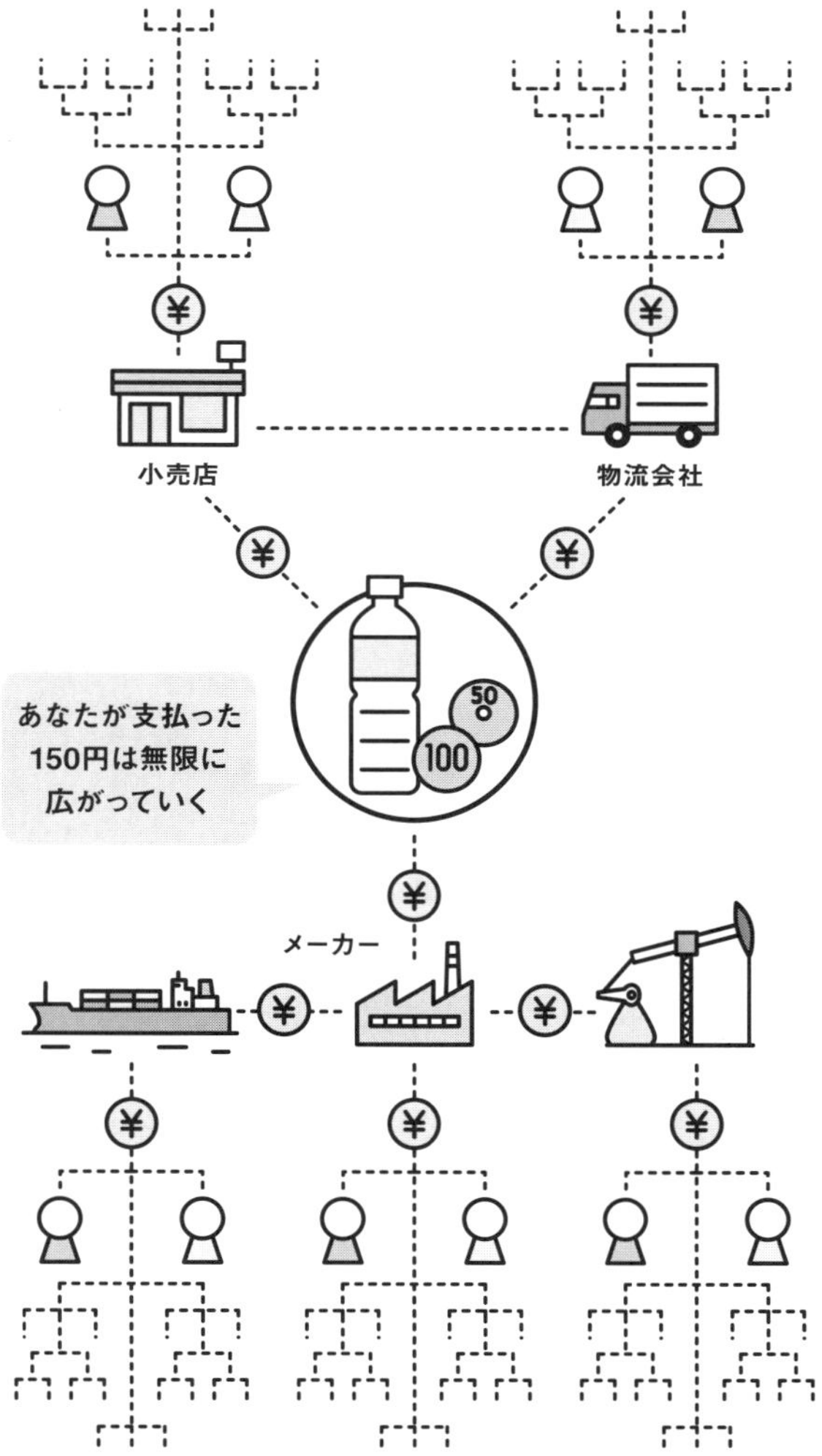
小売店
物流会社
50
100
あなたが支払った
150円は無限に
広がっていく
メーカー

あなたがコンビニのレジで特に意識することなく支払った「150円」というお金は、じつは**最終的に、これだけの人たちに分配されている**のです（もちろん、あなたがレジの人に渡した150円分の硬貨《こうか》がその人たちに直接渡るという意味ではなく、直接的・間接的に関わる人を挙げていくと、それこそ無限大に広がっていくという話です）。

どうでしょう。

〝お金〟に対するイメージが、少し変わるのではないでしょうか？

お金について考える、ということ

私たちはふだん、当然のようにお金を稼《かせ》いだり、貯《た》めたり、使ったりしていますが、「そもそもお金とは何か？」と考えることは、ほとんどありません。

最近は、小学校や中学校で金融教育を行うべきだ、という意見も多いですが（私はそれには大反対ですが、その理由はのちほどじっくり述べます）、ふつうは先生からも親からも会社の先輩・上司からも、「お金とは何か」について教えてもらうことはないでしょう。

お金は、私たちの人生に必要不可欠なものであるにもかかわらず、ある意味で、**いちばん縁遠《えんどお》い存在**でもあるのです。

私は、投資家という職業柄、お金というものを、そのいちばん身近なところでずっと見てきました。

「お金とは何か？」ということがわからないと、まったく仕事になりません。

それは、漁師が、魚の生態を知らずに漁《りょう》に出るようなものです。偶然うまくいくことはあっても、長期的に成果を上げ続けることはできないでしょう。

だから私はお金について、ずっと考えてきました。とことん考えてきました。

その結果、見えてきたことがあります。わかってきた「大切なこと」があります。

それを、今日はみなさんにお伝えしていきたいと思っています。

私はここまで「お金、お金」と連呼《れんこ》していますが、お金という生き物がいるわけではありません。あたりまえですよね。

そして、紙幣《しへい》や硬貨がお金なのでもありません。紙幣は紙切れですし、硬貨はただの亜鉛《あえん》や銅やニッケルです。150円でペットボトルのお茶を買うことはできても、100円玉と50円玉でのどの渇《かわ》きを潤《うるお》すことはできません。

お金とは、あくまで無色透明な概念にすぎない。ただの数字なのです。

つまり何が言いたいかというと、**色がついていないからこそ、お金には私たちの考えや態度が100%反映される**、ということです。

- お金を使って、何をするか?
- お金を通して、何を考えるか?

現代社会で生きている私たちは、生まれてから死ぬまでの間ずっと、お金の流れに身を投《とう》じて生きていると言っても過言ではないでしょう。**お金を考えることは、まさに人生を考えること**に他ならないわけです。

つまり、お金について語ることは、どう生きるべきかという「人生の哲学」を語ることでもあります。

私たちは、人生のあり方をお金に投影しているのです。


本屋さんに行けば、「転職で年収1000万円!」や「33歳から始める節約貯金生活」、「FX投資で資産を築《きず》く55の方法」といった本がごまんと並べられています。

みなさん、お金を稼ぐ、お金を貯める、お金を増やす、ということに対しては、並々《なみなみ》ならぬ興味があるようです。

しかし、**稼いだり・貯めたり・増やしたりしたお金を「どう使うか」ということに関しては、あまり語られません**。そういった本も、ほとんど見かけません。

それは、とても不思議なことではありませんか?

お金はあくまで概念であり、誰かと何かを交換するための手段であるはずなのに、自分がお金を所有すること自体が目的になってしまっているかのような印象を受けます。

150円のペットボトルのことを考えてみてください。

ペットボトルの背後には、何百人、何千人、何万人もの人たちが見えます。私たちと

〝つながる〟社会が、そして世界が見えてきます。

私たちの使うお金は、**単なる交換以上の「大きな意味」**を持っているのです。

だからこそ、お金を使って何をするか、お金を通して何を考えるか、ということはとても重要です。それは、誰かのためになったり、誰かを応援することにつながったり、ひいては、自分の幸福感とも密接に関係してくるからです。


本書では、みなさんがどこかで避《さ》けていたかもしれない「お金」について、真剣に語っていこうと思います。

私はこれまで、プロの投資家として、株式の分析方法や起業のあり方などについて語ることは多々ありましたが、今回のように「お金」そのものについて真正面から向き合い、語る機会は初めてです。

しかし、大好きなお金の魅力を語ることができるので、ワクワクしています。

私自身が考える「お金」の本質、そして、そこから見えてくる「経済」「仕事」「会社」「投資」「世の中」のあるべき姿について、一緒に考えていきましょう！

目次

第2章 日本をダメにする「清貧の思想」 49

第3章　人は、ただ生きているだけで価値がある　77

第4章 世の中に「虚業」なんてひとつもない 121

第5章　あなたは、自分の人生をかけて社会に投資している、ひとりの「投資家」だ

第1章

日本人は、お金が大好きで、ハゲタカで、不真面目

この第1章で、私はあえて、お金と日本人に関するショッキングな話をします。

でも、間違いのない「事実」ですので、目をそらさずに直視していただきたいと思います。

お金についてしっかり考えていくためには、まず、私たちが日頃、お金というものをどう捉《とら》えているのか、よく知っておく必要があるでしょう。そのうえで、どのような考え方にシフトしていくべきか、みなさんと一緒に考えていきたいのです。

8割の学生が「お金儲《もう》け＝悪」

よく言われることですが、日本人はお金に対してあまり良いイメージを持っていません。自分の年収や貯蓄額を公言《こうげん》する人は少ないですし、「お金について話すこと自体、憚《はばか》られる」という人も多いのではないでしょうか。

お金の話になるとなぜか小声になる人も、たまに見かけます。

そして、「投資」や「お金儲け」ともなると、「汚い・不潔《ふけつ》」「怖い」「腹黒い・ブラック・暗い」「ズルい・他人を蹴落《けお》とす」「悪い」「賭《か》け事・ギャンブル」「がめつい」……

といった、ネガティブなイメージを持っている人がほとんどです。言葉には出さなくても、心の底ではそう思っています。

明治大学の授業では商学部の学生が大半を占《し》めているのですが、最初の授業でアンケートをとってみると、**8割の学生が「投資＝ダーティー」「お金儲け＝悪」だと思っている**、という残念な結果が出ました。

商学部の学生でそのような結果なのですから、文学部や法学部の学生になると、もっと悪いイメージを持っている率が高くなるに違いありません。

「起業したい！」「ベンチャー企業に入りたい！」と宣言する学生も、「金儲けしたい！」とはけっして口にせず、「社会貢献できて、社員がつつましく暮らせれば、それでいい」などと言います。みんな、「お金を稼ぐ」ということに対して、あまり良いイメージは持っていないのです。

また、私がCIO（最高運用責任者）を務める会社（レオス・キャピタルワークス）では、証券会社や銀行を通じないで直接販売する「ひふみ投信《とうしん》」という金融商品（投資信託《しんたく》）を扱っていますが、お客さんの反応からも、投資についての悪いイメージを直《じか》に感じることが多いのが現実です。

特に、地方に行くほど、お金の話をするだけで顔をしかめられたり、うしろ指をさされたりします。投資の話をすると、年輩の方から**「汗水《あせみず》たらして真面目に働かないとダメでしょ」と、お叱《しか》りを受ける**ことすらあります。


総《そう》じて、老若男女《ろうにゃくなんにょ》を問わず、お金に対して良いイメージは持っていないのです。

しかし、良いイメージを持っていないからといって、彼ら・彼女らはお金が嫌いなわけではありません。

逆に、日本人はお金が大好きな民族です。

お金に対する汚いイメージは、お金が大好きであることの裏返しとも言えます。**小声でお金の話をする人ほど、じつはお金が好きで好きでたまらない**のです。

なぜ、そんなことが断言できるのか？　まずは、つぎのページの図を見てください。

日米英独仏における
個人金融資産の比較

		個人金融資産					
		金融資産内訳					
		現金・預金	保険・年金	有価証券	株式	その他	合計
日本	金額（兆円）	792	399	92	87	58	1427
	比率（%）	55.5	27.9	6.4	6.1	4.1	100.0
アメリカ	金額	567	1049	782	1170	147	3175
	比率	15.3	28.2	21.0	31.5	3.9	100.0
イギリス	金額	155	246	22	39	18	480
	比率	32.2	51.2	4.6	8.1	3.7	100.0
ドイツ	金額	221	189	103	44	5	560
	比率	39.4	33.8	18.3	7.8	0.9	100.0
フランス	金額	140	175	46	63	23	446
	比率	31.3	39.1	10.3	14.2	5.1	100.0

※2008年末／「投資十八番」より引用
http://stockkabusiki.blog90.fc2.com/blog-entry-883.html

これは、日本とアメリカ、イギリス、ドイツ、フランスにおける個人金融資産の比率を表したものです。

これを見ると、日本の現金・預金の比率が突出して高いことがわかります。日本が55・5％と、半分以上を占めているのに対して、アメリカは15・3％、イギリスは32・2％、ドイツは39・4％、フランスは31・3％になっています。

何が言いたいかというと、日本は「現金と預金」の比率が高くて、他の国は有価《ゆうか》証券や株式といった「投資」の比率が高いということです。

一見すると、イギリスの有価証券や株式の比率は日本と変わらないか、日本よりも低いように見えますが、保険・年金のなかに投資性の強いものが多く含まれています。海外の保険は、いわゆる日本の生命保険のような貯蓄的な商品というよりも、投資的な商品に近いのです。

ですから、数字のうえではイギリスの有価証券と株式の比率が低くなっていますが、実際に社会に投資されている金融資産の総比率では、日本よりも高いのです。

それは、ドイツやフランスにおいても同じことです。

この統計からわかることは、ずばり、日本人はお金が大好きだということです。現金と預金が大好き、と言ったほうがより正確かもしれません。

お金が好きといっても、お金を使うのが好きというわけではありません。何かを消費するわけでも、株式などに投資するわけでもなく、現金や預金として、お金を自分の懐《ふところ》に貯め込むのが好きなのですから、**「お金そのもの」が大好き**なのです。

日本の個人金融資産は総額1400兆円だと言われていますが、そのうちの半分強、800兆円もの莫大《ばくだい》なお金が、現金と預金なんですね。

貯蓄型の生命保険も含めると、それ以上のお金が、まったく使用されずに眠っていることになります。

日本人は世界一ケチな民族

日本人はお金に対してケチでもあります。

その証拠に、つぎの問題の答えはいくらになるか、ちょっと考えてみてください。

問題

アメリカでは、年間で、成人1人あたり約13万円のお金を寄附《きふ》しています。それに対して日本では、成人1人あたり、いくらのお金を寄附していうでしょうか？

講演でこの質問を会場に投げかけると、みなさんは私の意図を感じ取り、思っているよりも低く見積もって、1万円くらいだとお答えになりますが、大間違いです。

答えは、その4分の1の2500円。**たったの2500円**です！

アメリカの、じつに52分の1なんですね。

つぎのページの図を見てください。これは、日本とアメリカ、イギリスにおける年間の寄附額を比較したものです。この図を見れば、日本人はアメリカ人やイギリス人に比

日米英における年間寄附額の比較

	寄附総額	成人1人あたりの金額	寄附主体の個人比率
日本	7000億円	2500円	36%
アメリカ	34兆円	13万円	76%
イギリス	3兆円	4万円	60%

※2009.6.29／JST理科教育支援センター調べ

べて寄附をしない民族であることが、端的にわかります。

この図には、アメリカとイギリスのデータしか載っていませんが、日本は先進国のなかでもっとも寄附をしない国です。ほとんどの先進国では、家計の2〜3%くらいの金額を寄附します。アメリカは3%です。


ところが日本人は、家計のたった0・08%しか寄附しないのです。


寄附主体における個人の比率を見ると、日本は36%です。残りの64%は企業や団体になります。一方、イギリスでは個人の比率が60%、アメリカでは76%も占め、いかに一般の人々が寄附を行っているかがわかります。

「アメリカでは、ビル・ゲイツみたいなお金持ちが莫大な寄附をして、平均額を底上げしている」と思われるかもしれませんが、それはよくある誤解です。

「ニューヨーク・タイムズ」の記事（2010年8月20日）によると、年収2万5000ドル（日本円にすると約230万円／2013年1月末現在）以下の人が年収の4・2%を寄附しているのに対して、年収7万5000ドル（約690万円）以上の人は年収の2・7%の寄附しかしていない、といいます。

けっして、お金持ちだけが寄附をしているわけではなく、お金にゆとりがない人でも寄附を行う文化があるんですね（低所得者が寄附をすれば税制的に有利というわけではないにもかかわらず、です）。

逆に、日本は寄附を行わない文化です。

それを文化の違いだと単純に考えることもできますが、日本人はお金にがめついという事実は間違いないでしょう。

もし、個人金融資産の1％を東日本大震災の義援金《ぎえんきん》として寄附していたら、約14兆円ものお金が集まったはずです。

でも、実際に集まった義援金は、数千億円にとどまりました。

3・11が起きた2011年の成人1人あたりの寄附額は6551円と倍増しましたが、よくよく考えてみると、**あれほどの大災害・悲劇に見舞われたのに、例年の2倍しか寄附しないのが、日本人の本性《ほんしょう》**だと言えます。

2倍しか寄附しないというのは、阪神大震災のときもまったく同じでした。

あえて断言しますが、日本人ほどケチな民族はいません。

困っている人のために寄附もしないし、社会にお金を回すための投資もしない。じゃあ、他の先進国の人たちに比べて、公共のためのお金である税金を多く払っているのかといえば、そんなこともない。日本の税率は、むしろ低いくらいです。

じゃあ、いったい何をしているのか？

日本人は自分のこと、すなわち、自分のお金のことしか考えていないのです。

自分のお金を現金や預金として守ることしか考えていないのです。

大友克洋《かつひろ》の漫画『アキラ』では、大量の缶詰を大切そうに抱えながらひとつも開けずに死んでいく婆《ばばあ》のことが皮肉的に書かれていますが、その姿にそっくりです。

現金・預金を55％も抱えて、とにかくお金を1円も減らしたくない。もう絶対に減らしたくない。世の中の人に渡すなんて大損だと思っている。

これを守銭奴《しゅせんど》と言わず、なんと言えばいいのでしょうか？

お金について「何も考えていない」

少し前の話になりますが、2007年に、スティール・パートナーズ・ジャパンというアメリカ系の投資ファンドが、老舗《しにせ》ソース会社であるブルドックソース株式会社の株を買い占めたことがありました。具体的には、TOBという株式公開買い付けによって、ブルドックソースの全株取得に乗り出したのです。

それに対して、ブルドックソース側は、スティール・パートナーズの持ち株比率が下がるような対応策を講《こう》じました。この対立は裁判にまで発展し、結局、ブルドックソース側が勝って、買収回避に成功。

そのとき、日本人はスティール・パートナーズの経営者に対して、ものすごく怒《おこ》りました。メディアもそろって、スティール・パートナーズの経営者を批判しました。

「あいつらは金の亡者《もうじゃ》だ！」

「やつらは短期的に儲けることしか考えていない！」

といった感じに。

それだけを聞くと、まっとうな意見のように思えます。ブルドックソースの社員のことを考えているようには思えないし、他の株主の利益を無視しているようにも思えるからです。

それよりも、日本からお金だけを吸い取っていくような感覚が強かったからかもしれません。日本人の誰もが、アメリカ系投資ファンドのことを「ハゲタカだ!」と言って、猛烈《もうれつ》に批難したのです。


では、アメリカ人は瀕死《ひんし》の者にたかるハゲタカで、日本人は清くて真面目な小鳩《こばと》なのでしょうか?

私は、けっしてそうは思いません。

むしろ、**日本人こそがハゲタカ**だと、常日頃《つねひごろ》感じています。


数年前、日本人はブラジルの株をものすごい勢いで購入しました。ちょっとしたブームだったんですね。

ところが逆にいま、ものすごい勢いで引き上げています。

このような状況で、私はつぎのような質問をよく受けます。

「ブラジルはいまちょっとダメだから、中国でもいきましょうか？　最近は新興国が伸びているので、インドに乗り換えたほうがいいでしょうか？　それとも他に良い国があるなら、ぜひ教えてください」


さて、このような考え方とさきほどのスティール・パートナーズとの間には、どのような違いがあるというのでしょうか？

私には同じように思えてなりません。

「あっちがダメだから、つぎはこっちだ」「こっちのほうが利益が出そうだ」などと言って乗り換えるのはいいですが、ちょっと考えてみてください。私たちは、テレビや新聞で散々《さんざん》「ハゲタカだ！」と言ってスティール・パートナーズを非難したけれど、私たちこそがハゲタカではないのでしょうか？

ハゲタカが良いか悪いかは別にして、私たちもハゲタカだという認識を持つ必要があります。もし「私はハゲタカじゃない」と言うのであれば、ブラジルの株を長期間、持つべきです。

最低でも5年、10年は持ってほしいと思います。

もし売るのであれば、「私はハゲタカだ」と認めてください。

そうでないとおかしいですよね。日本人にされたことに対しては頭にくるけれど、ブラジル人や中国人、インド人ならいいという論理は成り立ちません。

他の国の話になれば、株主の価値や従業員のことを考えなくてもいいのでしょうか？

それは、人種差別ではないでしょうか？

私が講演やセミナーでそのような話をすると、会場はシーンとなります。何も私はみなさんを批判したいわけではありません。みなさんが悪いわけでもありません。

なぜ、そのような考え方になってしまうのかを問いたいのです。

その理由は、**「何も考えていない」**というひと言に尽《つ》きます。

たくさんお金を持っていても、下を向いて自分の懐を見つめているだけ。視線を上げて、そこからつながる流れや、その行きつく世界のことなど、まったく見ていない。だから、自分がお金を通じて社会に参加しているという意識、それに付随《ふずい》して責任が発生するという意識が乏《とぼ》しいのです。

つまり、自分のお金のことしか考えていないのでしょう。

私が「お金とは何か？」ということについて考えてほしいと訴《うった》える理由は、そこにあります。

事実、ブラジル株ブームによって、8兆円近いお金がブラジルに投資されましたが、元本《がんぽん》割れするということで解約が相次《あいつ》いだことで、ブラジルの通貨であるレアルが暴落《ぼうらく》してしまいました（口絵の2ページ目の背景は100ブラジルレアルです）。

それは結果的に、円高の大きな要因にもなっています。

結局、日本人のブラジルへの投資は、ブラジル人のなんの役にも立たなかったばかりか、ブラジルの通貨や経済を混乱させてしまったんですね。

自分たちがその元凶《げんきょう》のひとりであるということは、誰も認識していないし、指摘もしない。

だから私は、あえてみなさんのことをハゲタカだと言うようにしているのです。

海外では、投資信託を20年から30年くらいのスパンで持つのが一般的です(最近、投資信託を始めた人が多いので、平均すると10年くらいに下がりますが)。

一方、日本では、投資信託の平均保有年数は**たったの2・4年**(2011年・投資信託協会調べ)。短期間で引き上げるのは、ブラジル株にかぎった話ではないのです。

日本人は3年も保有していません。新入社員には「石の上にも3年だ」とか言いながら、自分自身は3年も耐《た》えることができないんですね。

世界でもっとも「(投資の)回転率が高い」と言われています。

つまり、自分のお金が心配で心配で仕方ない。何か危険な匂《にお》いがただよえば、すぐに売ってしまいます。1円でもお金を減らしたくない。

それが、日本人の本音だと言えます。

投資信託の平均保有年数を見るだけでも、日本人のお金に対する考え方を垣間《かいま》見ることができます。

お金が大好きだからこそ、自分のお金を守ることに執着《しゅうちゃく》するのでしょう。

日本人は不真面目なお金教の信者

一般的なイメージとして、日本人は真面目だと思われていますが、私の考えは違います。**日本人は真面目ということの意味を履《は》き違えている**ように思えてならないのです。

広辞苑《こうじえん》で「真面目」を調べてみると、

「真剣な態度・顔つき。本気。まごころがこもっていること。誠実なこと」

と書かれています。大辞林《だいじりん》でも同じように調べてみると、

「本気であること。真剣であること。誠意のこもっていること。誠実であること」

と、同じようなことが書かれています。

つまり、言われたことを言われた通りにやることや、ルール・規則を守ったり、常識をわきまえたりすることは、真面目の本来の意味ではないのです。

先生や親や上司に対して反対意見を言うことは、ひょっとしたら真面目なのかもしれません。それは、真剣な様《さま》であるかもしれないし、誠実であるかもしれないからです。

非常識な行動だとしても、たとえばそれが会社のビジョンに反していて、なおかつ、お客さんのためにならないと思って行われるのであれば、それは真の意味で「真面目」

な行為なのです。

私は、真面目という言葉が真面目に使われていないように思います。真面目であることが、単に就業規則を守ったり、時間通りに来ることだったり、会社でいえばコンプライアンスを表面上遵守《じゅんしゅ》することだったりと、どちらかと言うと形式論になっているように感じるのです。

さらに真面目の語源まで調べてみると、

「柳《やなぎ》は緑、花は紅《くれない》、真面目《しんめんもく》」

という、中国宋《そう》代の詩人、蘇東坡《そとうば》の詩にいきつきます。

意訳すると、「柳には柳の色、花には花の色があり、それぞれがそれぞれの個性や役割を発揮している」という意味です。

真面目は「しんめんもく」と読み、ありのままでいること、本質的であることを表しているんですね。

真面目とは、本気であり、真剣であり、誠実であること。

そして、**「本質とは何か」ということを、しっかり考えること。**

そのように捉えると、日本人のお金に対する態度や行動は、不真面目であるとしか言いようがないでしょう。

何も考えていないわけですし、考えているとしても自分のことしか考えていないわけですから。それはけっして誠実ではないし、本質的なことでもありません。

自分でお金を貯め込んでいるということは、人にお金を出したくないということ。それは、**人を信じていない**ことでもあります。

日本人ほど、他人を信じていない民族はないということに他なりません。他人にお金を預けたら、もう自分のところに返ってこないと思っているわけですね。

最近では会社も信じていませんし、政府も信じていません。ましてやＮＰＯやＮＧＯといった非営利組織や非政府組織も信じていない。

特定の宗教を信じている人も少ないでしょう。

では、日本人はいったい何を信じているのでしょうか?

結局、お金しかありません。

日本人はお金を信じているのだと、私は思います。

だから、お金を現金や預金として貯め込んでいるのでしょう。他に信じられるものがないため、仕方なくお金を信じているとも言えます。

人を信じられず、お金しか信じられない。それが日本人の本当の姿なのです。ちょっと寂《さみ》しい気がしますし、日本人として恥《は》ずかしい気持ちにもなります。

「そんなことはない!」とお怒りになる方もいるかもしれませんが、残念ながらそれが現実です。「お金しか信じられない」という思想は、「現金・預金が大好きで、寄附はしない」という実際の行動の結果に、端的に表れているのです。

あなたには、「お金」よりも信じられるものがありますか？
あなたには、「お金」よりも大切なものがありますか？

その結論にいたるためにも、お金について「真面目に」考えていかなければいけないのです。

第2章

日本をダメにする「清貧の思想」

前章で私は、日本人がお金しか信じることができない残念な状況を、投資家の視点から解説しました。この第2章では、「じゃあ、なぜそうなってしまうのか？」ということについて、みなさんと一緒に考えていきたいと思います。

日本人がお金しか信じていないと言っても、まだ「そんなことはない」「極論だ！」という抵抗感があるのではないでしょうか。日本人は「西欧型金融資本主義」に毒《どく》されておらず、お金についてはとても潔癖《けっぺき》な考え方をしていると信じている人は、とても多いと私は感じています。

でもそれは、**単なる「思い込み」**なんですね。

実際は、知らず知らずのうちに親や社会から刷り込まれている、〝おとぎ話〟のような話なのです。

おとぎ話とは、はたしてどういうことなのか？

私たちの身近な例をとっかかりに、順番に考えていきたいと思います。

バットマンはなぜ「かっこいい」のか？

みなさんはアメリカのヒーローと聞いて、いったい誰を思い描きますか？

きっと、スーパーマンやスパイダーマン、バットマン、アイアンマン……といった名前が挙がってくるのではないでしょうか。チャーリーズ・エンジェルやサンダーバードといった昔のテレビ番組を思い出す人も、いるかもしれません。

では、ちょっと考えていただきたいのですが、彼らアメリカのヒーローの共通点は、いったいなんでしょうか？

> 問題
> アメリカのヒーローの共通点とは？

共通点を探《さぐ》るために、彼らの正体について考えてみましょう。

知っている人も多いかと思いますが、スーパーマンはクラーク・ジョセフ・ケントという新聞記者ですね（本当の正体はクリプトン星人）。

スパイダーマンは、もともとはただの男子学生でした。

バットマンの主人公であるブルース・ウェインは、ゴッサムシティの大富豪であり、慈善《じぜん》事業家です。アイアンマンは巨大軍需企業の御曹司《おんぞうし》で武器商人ですから、バットマンと同じく実業家になります。

チャーリーズ・エンジェルのチャーリーも、実業家の大富豪ですね。チャーリーがスポンサーになって、3人の女の子（エンジェル）たちを支援していきます。

どうでしょう、共通点が見えてきたのではないでしょうか？

そう、**アメリカのヒーローたちは、基本的に「民間人」**なのです。それも、事業を成功させてお金持ちになった実業家が多い。

わかりやすいのが、サンダーバードでしょう（厳密に言えば、サンダーバードは1960年代のイギリスで放映されたテレビ番組が元ですが、その後、アメリカで大人気となり、ハリウッド映画化もされました)。

サンダーバードの生みの親であるジェフ・トレーシーは、もともとアメリカ空軍の大佐でした。妻の死をきっかけに軍を退役し、土木建設事業で巨額の富を得ます。そして、世界平和のために何をすべきか考えた末に、彼はトレーシー島を購入して、国際救助隊を結成。自分の息子たちをサンダーバードのパイロットに育て上げ、地球上のあらゆる災害から人命を救助しようと死力を尽《つ》くします。

要するにサンダーバードは、プライベートな救助隊なんですね。公《おおやけ》の軍隊ではありません。

そこが、いいのです。

アメリカには、中央政府や軍隊ではなく、私設の組織や個人が世の中のために行動し、活躍することがかっこいい、という価値観が厳然《げんぜん》とあり、ヒーロー像にも投影されています。

日本のヒーローは……公務員

一方、日本の場合はどうでしょうか？

同じように日本のヒーローを思い描いていただければわかると思いますが、面白いことに、そのほとんどが「公務員」なんですね。

たとえば、ウルトラマンの科学特捜隊は、国際科学警察機構の下部組織で、パリに本部があり日本に支部がある公の機関です。

ウルトラマン自身も、宇宙警備隊員ですね。

ウルトラマンは、護送中に脱走したベムラーという悪い怪獣を追って、たまたま地球にたどり着いた宇宙の警察官なのです。

ウルトラの父は宇宙保安官ですし、ウルトラの母は学校の先生です。

要するに、正義のために戦う人がプライベートな組織に属するのはおかしいというのが、日本人の考え方なのです。

ですから、「宇宙刑事ギャバン」など、テレビの特撮《とくさつ》ヒーロー番組のほとんどが、警察官などの公務員です。

「太陽にほえろ！」「あぶない刑事《デカ》」「踊る大捜査線」といったテレビドラマの主人公たちも警察官ですし、「スケバン刑事」も高校生の刑事です。

時代劇でもまったく同様。「遠山《とおやま》の金さん」や「大岡越前《おおおかえちぜん》」は町奉行《まちぶぎょう》ですし、「暴れん坊将軍」は将軍、「水戸黄門《みとこうもん》」は副将軍です。

どのシリーズでも、その時代における権力者、すなわち公なのです。

テレビや映画から生まれた日本のヒーローは、ほとんどが公務員です。実業家や大富豪が世の中の悪を倒す、みたいなものは、ほとんどありません。

一方、マンガから生まれたヒーローである「仮面ライダー」「タイガーマスク」「ブラック・ジャック」などは、民間人ですね。その理由は、昔のマンガは反権力として描かれる文化が強かったからでしょう。

とにかく、ここで私が強く言いたいのは、アメリカでは「民間人（のお金持ち）が悪を倒す」といった一般的なヒーロー像がある。それに対して、日本でのヒーロー像はあくまでも「公務員が悪を倒す」である、ということです。

日本人が美徳とする「清貧《せいひん》の思想」

では、どうしてこういった違いが生まれてくるのでしょうか？

その根本原因だと私が思っているのは、日本人の誰もが共感を覚える「清貧の思想」という考え方です。

少し説明が長くなりますが、お金について考える際に避《さ》けては通れない思想なので、じっくりお話ししたいと思います。

広辞苑によると、清貧とは「行いが清らかで私欲がなく、そのために貧しく暮らしていること」です。この清貧という言葉が日本に広く知れ渡ったのは、中野孝次《こうじ》氏の著書『清貧の思想』がベストセラーになったことが大きいでしょうが、もともと日本人の多くが美徳とする考え方です。

中野氏は、西行《さいぎょう》や吉田兼好《けんこう》、松尾芭蕉《ばしょう》など、過去の偉人の生き方や言葉を引用しながら、「清く貧しく美しく」生きる日本人のすばらしさを紹介しています。

ただ、「貧しく」と言っても、理想的な生き方を実現するために自らが積極的に受け入れた貧しさであり、心の貧しさではありません。お金やモノを貪《むさぼ》らない生き方、物質的な豊かさを捨て去った生き方は美しいですし、ステキな価値観だと私も思います。

ところが残念なことに、この「清貧の思想」は、本来の思想とはかけ離れた解釈で日本人に根づいてしまいました。

「理念に生きるために、あえて豊かな生活を拒否する」という思想が、「豊かになるためには、理念を捨てて汚れなければいけない」という考え方に変わってしまったのです。

それが「豊かになることは汚れることだ」となり、「お金持ちは何か悪いことをしてお金持ちになったに違いない」といった考え方になったのでしょう。

お金持ち＝悪であり、悪を倒すどころか、倒される対象となってしまいました。

ねじれて解釈され、定着してしまったわけです。

私は、この「清貧の思想」の間違った解釈が日本をダメにしているのではないか、とつねづね思っています。なぜなら、「貧しいこと」そのものが美しくて正義であるかのような錯覚に、私たちを陥《おちい》らせているからです。

さらに最近では、「努力をしたり頭を下げたりしてまで豊かになりたいとは思わない」という易《やす》きに流れる傾向も、目につくようになってきました。

清いことはとてもすばらしい。でも、そのために貧しくある必要はないし、ましてや**貧しいことそのものは、正義でもなんでもない**んですね。

私は、そういった「(間違って解釈された)清貧の思想」ではなく、清らかで豊かになることを目指す**「清豊《せいほう》の思想」**こそ、私たちは考えていかなくてはならない、と思っています。

もっとわかりやすく理解できるように、図で見てみましょう。

つぎの図は、横軸が経済的な「豊かさ」と「貧しさ」で、縦軸が内面的な「清らかさ」と「汚さ」です。

左下の「貧しくて汚い」(汚貧《おひん》)は論外として、日本人の多くは、右下の「豊かになるためには汚れること」(汚豊《おほう》)と、左上の「清らかでいるためには貧しくいること」(清

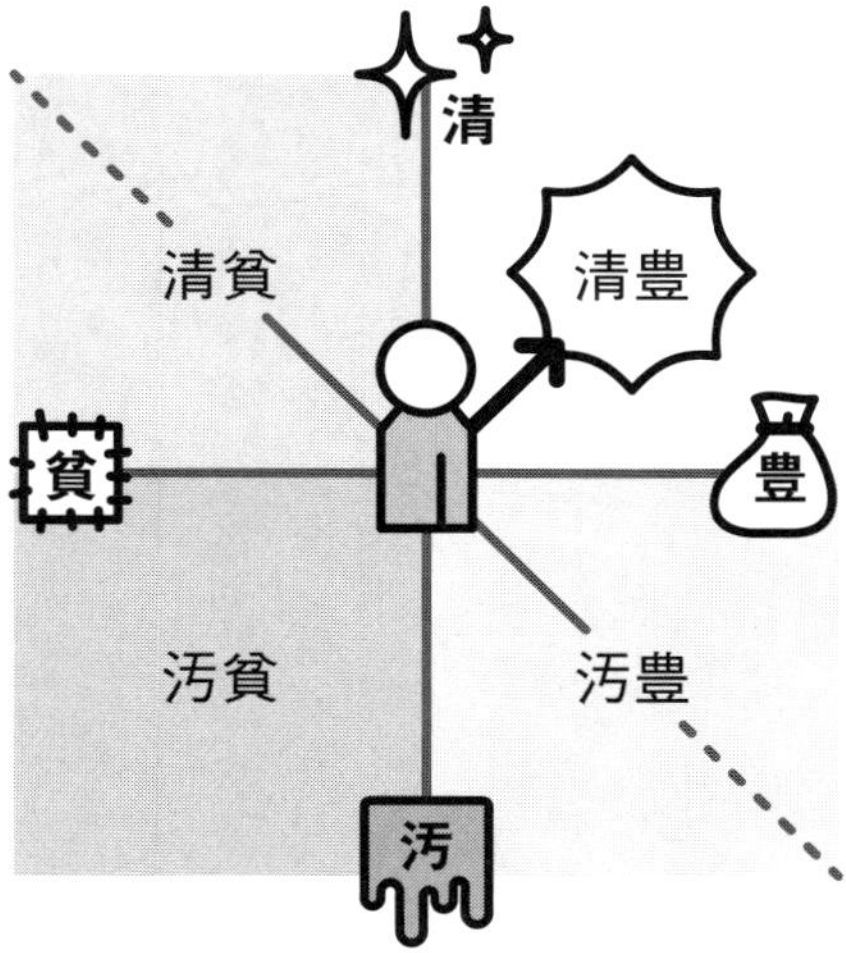
清
清貧
清豊
貧
豊
汚貧
汚豊
汚

貧）の2つしかないと思い込んでいます。

お金持ちになって豊かになることは、何か悪いこと・やましいことをして汚れることであり、それが嫌ならば、貧しくても清らかでいることを目指します。

- ・汚れてもいいので、お金持ちを目指す
- ・貧しくてもいいので、清らかさを目指す

典型的に言えば、金儲けに大成功している企業やその経営者は前者であり、ベンチャー企業やNPO、NGOを立ち上げる人は後者だと思っているのです。また、実際に起業した本人たちも、そう思い込んでいるふしがあります。

「大家族もの」のテレビ番組が視聴率を稼いだりしていますが、ほぼ間違いなく貧乏です。これも典型的な「清貧」の考え方ですね。貧しいけど、家族愛に満ちていて、心は豊かというわけです。

一方で、お金持ちの大家族を扱った番組なんて、見たことがありません。あるとして

も、相続で醜《みにく》く争い合うようなドラマばかりでしょう。

私は「清貧」と「汚豊」の領域を結ぶ線を「日本人線」と呼んでいます。**日本人は、この日本人線しか見えていない**わけです。

ですが、私たちは右上の「清豊」を目指さなければいけません。なぜなら、清らかで豊かであることがいちばん良いに決まっているからです。豊かになること、そして清らかになることは、私たちの夢であり、人類の目標だと言い切ってもいい。

しかし、それが不可能だと思っているからこそ、清貧か汚豊の二択しか選択肢がないと思い込んでいる――。

じつは、清豊でなければ成功できない

ぜひ、まわりの大人たちに、この「清豊の思想」について話してみてください。

「そんな生き方はあり得ない。単なる理想論だ」

「きれいなだけでは金儲けなんてできない。清濁併《せいだくあわ》せ呑《の》む、とも、清き水には魚棲《うおす》まず、とも言うでしょ？　もっと大人になりなさい」

「お金を得るためには、何かを犠牲《ぎせい》にしなければならないんだよ」

などと、まず間違いなく諭《さと》されてしまうでしょう。

しかし、私は長年、投資家として生きてきたからこそ断言できることがあります。

それは、

「清く豊かに生きることは可能であり、また〝清豊〟を目指すことが、結果的に長期間にわたって会社を成長させることにつながる」

ということです。

けっして、あるべき姿だから、という理由だけではなく、**ビジネス的・お金的な面からも、清豊を目指すべき**なのです。

あらためて説明しますが、私はファンドマネージャーとして、お客さんから預かった莫大《ばくだい》なお金を投資し、できるだけたくさんの儲けを出してお客さんにリターンすることを仕事にしています。

つねに、どこの会社に投資すれば成功できるかを考えています。

そういった仕事を続けていくなかで、じつに多くの経営者と知り合ってきましたが（投資に値《あたい》する会社かどうかを判断するため、23年間で約５７００人の社長を取材しました）、そのなかでも、自分で会社を起こし、苦労して株式上場まで果たした創業経営者の多くが、私の主張に「そのとおりです」と賛同してくれました。

彼ら自身、清豊を目指していたからこそ、成功できたと考えているのです。

これはとても興味深いことですが、彼らのたどってきた軌跡《きせき》を考えてみると、**至極《しごく》あたりまえ**のことなんですね。

というのは、会社を起こし、株式を公開上場まで持っていくためには、じつに多くの「山」を乗り越えていかなければなりません。

会社を起こそうとしたとき、彼らはたったひとりです。

ひとりでは会社は運営できないので、同志を募《つの》ることになります。海のものとも山のものともつかない会社に、志《こころざし》に賛同した人が次第に集まってきます。こうして集まった社員に一生懸命働いてもらわなくては、会社は成長しません。

経営者を信じて、納得して働いてもらわなければなりません。

また、当然ですが、お客さんがいなければ会社は成り立ちません。たくさんのお客さんから会社の商品やサービスが支持されて、はじめて会社は成長します。

さらに、金融機関の信用も得なければなりません。

もしここで、多少なりとも「汚」の世界に経営者が足を踏み入れたら、半年や1年は持つかもしれませんが、3年や5年といった長期間、社員全体が経営者を信じていくことは不可能でしょう。

お客さんを騙《だま》して短期的にお金を儲けることはできるかもしれませんが、絶対に長続きはしません。特に、いまのような情報過多《かた》の社会では、悪いことや汚いことをしたら、すぐに告発されてしまいます。中身がないのにイメージだけで売ることも、かなりむずかしくなってきています。

同じ投資信託会社として残念なことでしたが、ＡＩＪ投資顧問は顧客に対して嘘《うそ》の運用利回りを伝えていたため、強制捜査をされました。長年、巨額の損失隠しをしていたオリンパスも大問題になりましたし、実際に菊川元会長をはじめ、数名の取締役が逮捕されました。

昔であれば、「汚いことをしてお金を儲ける」ことができたかもしれませんが、いまの時代では絶対に無理です。

そして、一度信用を失うようなことをすれば、株式上場が不可能になるのはもちろんのこと、再起自体も厳しくなります。

しかも、上場までいくには、金融機関や監督官庁とのやりとりがあるし、証券会社や証券取引所の審査もあります。

そうした「山」をすべてクリアして、さらに機関投資家などにきちんと説明できて、はじめて株式上場を迎えることができるわけです――。

こうした「軌跡」からわかるのは、「清貧」でも「汚豊」でもダメで、**「清豊」でなければ、なかなか株式上場まで会社をもっていくことはできない**、という厳然とした事実です。

だからこそ、上場会社の創業経営者たちは、私の話に「そのとおりです」と納得したのでしょう。理想論でも机上《きじょう》の空論《くうろん》でもなく、そうしなければ成功できないことを実体験から知っているのです。

新しいビジネスを始めるのは、立派なことか？

さて、ここでアメリカ人の考え方についても、見てみましょう。

アメリカでは、「お金持ちは悪いこと・汚いことをしてお金持ちになったに違いない」といった、日本人にありがちな汚豊的な考え方は、あまりないんですね。あったとしても、日本ほど強烈ではありません。

単純に、**お金持ちが尊敬される文化**があります。

特に、起業家として成功した人たちは、ヒーローのような扱いを受けます。

有名なマイクロソフトのビル・ゲイツにしても、アップルの亡《な》きスティーブ・ジョブズにしても、フェイスブックのマーク・ザッカーバーグにしても、多くの人から尊敬されていますよね。

彼らが尊敬されるのは、社会のため、世の中のために「貢献している」と考えられているからです。

まず大前提として、起業家がビジネスを創出《そうしゅつ》することに対しては、「金儲けをしている」ではなく「価値を提供している」と理解されます。

もちろん、誰も必要としない商品やサービスであれば、すぐにビジネスはうまくいかなくなりますが、成功しているのであれば、それは**新しい付加価値を世の中に提供していること**であり、**新たな雇用を生み出していること**であり、**社会を活性化し、豊かにしていること**と同義なのです。

ある国際機関がビジネスマンを対象に行った調査によると、「あなたの社会では、新しい事業や会社を始めることは、立派なこととして認められていますか？」という質問に対して、アメリカでは91％の人が「イエス」と答えたそうです（フランスでは83％、ドイツでは73％の人がイエスと答えたのに対して、**日本ではたった8％の人しかイエスと答えませんでした**）。

ビル・ゲイツは、ウィンドウズというOSソフトを通じて、世界中の人の生活を豊かにしたし、アップルも同じですね。スティーブ・ジョブズは、iPodという商品で何千曲、何万曲もの音楽を持ち運べるようにし、最近ではiPadやiPhoneなどを通じて、世界中の人の生活スタイルまで激変させました。

マーク・ザッカーバーグは、フェイスブックで人と人が手軽につながるツールを提供しました。フェイスブックで新しい仕事のプロジェクトが始まったり、新しいコミュニティが生まれたりしています。いまでは、フェイスブックなしでは生活できないという人もいるのではないでしょうか。

資本主義経済においては、ITにかぎらず、新しい商品やサービスを提供し、ビジネスを成功させることは、**大前提として**〝**善**《ぜん》〟なんですね。

また一方で、起業家にかぎらず、アメリカのお金持ちの人たち、社会的地位の高い人たちは、多額の寄附活動や投資活動によって、**儲けたお金や余っているお金を社会に還《かん》元《げん》するのがあたりまえ**になっています（寄附を行うのはお金持ちだけではないことは、前章で説明したとおりです）。

たとえば、ハーバード大学には卒業生たちから年間800億円もの寄附金が集まっています。ちなみに、東京大学の場合は20億〜30億円程度です。

ニューヨークのメトロポリタン歌劇場《かげきじょう》で開かれるオペラがなぜいつも良質かといえば、大きな一因として、毎年大勢のお金持ちが喜んで寄附をしているからです。2011年には、その金額が過去最高の140億円になったと言います。

一方の日本では、日本を代表するオペラ作曲家、三枝成彰《さえぐさしげあき》さんがいくつもの会社を駆《か》けずり回って、必死に寄附のお願いをしても、3億円を集めることすらむずかしいというありさまです。

以上のように、新しいビジネスをつくって成功したり、お金持ちになってお金を寄附したりすることは、世の中に大きく貢献していることであり、「かっこいい！」というのが、アメリカ人のスタンダードな考え方です。

これは、「汚れてもいいので、お金持ちを目指す」か「貧しくてもいいので、清らかさを目指す」の二択しかない日本人とは、かなり違う価値観だと言えるでしょう。

社会的な善とお金持ちになることが両立しているのが、アメリカの社会であり、ビジネスの成功者やお金持ちはパブリックなことをする存在であるというのが、アメリカ人の考え方なのです（ここで一度注記《ちゅうき》しておきたいのは、べつに私はアメリカを礼賛《らいさん》したいわけではなく、世界の成功モデルとしてアメリカの例を挙げるのがいちばんわかりやすいからそうしているだけ、ということです）。

「なぜ国がやらない！」と怒《おこ》り出すのが日本人

一方で、**社会的な善とお金持ちになることがまったく両立していないのが、日本の社会**になります。

パブリックなことは、とにかくぜんぶ国に任《まか》せておけばいい。そういう意識が根強くあります。ビジネスの成功がパブリックな社会貢献につながるという意識も弱い。

それを象徴しているのが、「官民公私《かんみんこうし》」という言葉でしょう。

これは、公《おおやけ》のことは官がして、私《わたくし》のことは民がする。すなわち、パブリックなことは国家が行い、プライベートなことは民間企業が行うという意味です。

みなさんもなんとなく、**公のことは国や公務員に任せておけばいい、と思っているのではないでしょうか？**

たとえば、熊本県にあるキリスト教系の病院「慈恵《じけい》病院」に、「こうのとりのゆりかご」といったものがあります。

要するに「赤ちゃんポスト」と呼ばれるもので、事情があって育てられない赤ちゃんを殺害や中絶《ちゅうぜつ》などの危険から守る目的で設置されたものです。

日本初の試みで、２００６年から始まりました。

この「ゆりかご」に赤ちゃんが入れられると、病院で健康をチェックされ、その後、乳児院《にゅうじいん》に預けられるシステムになっています。

私は、この「こうのとりのゆりかご」についての議論を、たまたま車に乗っているときにラジオで聞きました。

最初は「とてもいいことだ」「すばらしい！」という意見でした。私も「ステキだなあ」と思っていたのですが、途中から「でも、なんで国がやらないの？」「これこそ、国がすべきことではないか！」という論調に変わっていったんですね。

そのような議論を聞いていて、私は「とても日本的だなあ」と思いました。

つまり、**民間の機関がパブリックなことをしていることに大きな違和感がある**わけです。パブリックなことは国がやる、すなわち官がやるべきだと思っている人が、圧倒的に大多数なのです。

これは、社会保障の問題にもからんでくる話ですが、自立した民のなかでするのではなく、公共サービスはすべて官がやるべきだと思っているわけですね。

さきほどのヒーローの話も同じですが、アメリカでは民間の機関であってもパブリックなことをする文化があるし、それこそが「かっこいい」とされています。

特に、ビジネスに成功してお金持ちになった人は、当然のようにパブリックな行動をとります。

しかし、日本ではそうではありません。

そもそも、そういう視点も文化もないのです。

「アリとキリギリス」のアリにそっくり

日本において、ヒーロー像が公務員であるのも、お金持ちが尊敬されないのも、良いお金の流れがつくれないのも、民間がパブリックなことをするということに対する確信と信頼がないからではないか、と私は強く思っています。

税金という管理されたお金を使って、官がパブリックなことをするという意識が強すぎるし、逆に民間はお金儲けの世界だという意識が強すぎます。

ひとりの民間人である自分が、自らのお金を投《とう》じて進んで社会貢献をしようとは、誰も思わない。

前章でも触れたように、現金と預金を大切に抱え込んで、1円も失いたくないと思っている。世の中の人に渡したら、絶対に戻ってこないと思っている。

「世直し」は、どこかの将軍や代官様がやってくれると信じている。

そして、「清貧の思想」を後生《ごしょう》大事にして、汗水たらして真面目に働いたお金にだけ価値があって、投資や金儲けでラクに稼いだお金は汚く、価値がないと考えている。お金持ちは悪いことをしてお金持ちになったと思っているだけでなく、お金持ちは自分のお金やさらなる金儲けのことしか考えていないと思い込んでいる。

そうした姿を見て私がイメージするのは、せっせと働いて食糧を蓄《たくわ》える「アリとキリギリス」のアリの姿です。

ただ、この有名なイソップ童話は、真面目に働くことの大切さや、冬（ピンチのとき）を見越して備《そな》えよ、といったメッセージを説《と》いているように見えて、**じつはそんな生易《なまやさ》しい話ではありません**。

あらためて、物語のあらすじをたどってみましょう。

夏の間、アリたちは冬の食糧を蓄えるために働きつづけ、キリギリスはバイオリンを弾《ひ》き、歌をうたって過ごす。やがて冬が到来し、キリギリスは食べ物を探すが見つからず、最後にアリたちに乞《こ》い、食べ物を分けてもらおうとするが、アリは『夏には歌っていたんだから、冬には踊《おど》ったらどうだい？』と食べ物を分け与えることを拒否し、キリギリスは餓死《がし》する。

最近では、著作権がないのをいいことに勝手に改変されて、「キリギリスが反省したので、アリは食糧を分けてあげた」みたいな話になったりしていますが、もともとのイソップ童話はとてもシビアです。背筋《せすじ》が寒くなります（だからこそ童話なのですが）。

しかしこれ、いまの日本人の姿にそっくりではないでしょうか？

事業を失敗した経営者に対して「あこぎな商売をしていた報《むく》いだ、ざまあみろ」みたいな反応をする人や、ニートやフリーター、無職の人間に対して「ラクしてたんだから、将来がどうなっても自己責任だ」などと言う人は、「夏には歌っていたんだから、冬には踊ったらどうだい？」と言うアリと、なんら変わらないでしょう。

日本人の、真面目に汗水たらして働くことが尊《とうと》いという美徳は、反面的に、そういった働き方をしていない人間に対して、牙《きば》を剝《む》きます。

要は、**遊んでいた人間は餓死してもいい**、というわけです。

でも、本当にそうなのでしょうか？

最近、生活保護はダメだ、という論調を目にすることが多くなりましたが、すべての人が同じ条件で働くことができるのでしょうか？

日本の長時間かつ苛酷《かこく》な労働条件のなか、心や体の問題で正常に働けない人も多いのではないでしょうか？

勤労《きんろう》にこそ大きな価値があるのだとすると、**年収0円の専業主婦には価値がない**ということになるのでしょうか？


これらの問いに対する答えを、つぎの章でじっくり考えていきたいと思います。

第3章

人は、ただ生きているだけで価値がある

「人は、ただ生きているだけで価値がある」

そんなセリフを聞いたら、みなさんはどう思われますか?

その通りだ、と思われる方もいれば、何きれいごとを言っているんだ、と思われる方もいるでしょう。

学校の道徳の授業ではないので、私はきれいごとを言うつもりもなければ、スピリチュアルな精神論を強要するつもりもありません。

投資家の視点で世の中を見てみると、たしかに「人は、ただ生きているだけで価値がある」のです。それは「経済とは何か?」を考えることであり、「お金とは何か?」を考えることにもつながっていきます。


経済って、よくわからない……

私たちの暮らしのベースになっているのは経済です。経済活動を通じて私たちは日々の生活を行っているし、そこには必然的にお金がからんできます。

ニュースでも毎日、日本経済やグローバル経済の問題が論じられています。

経済は、それほど私たちの生活に密着した存在であるにもかかわらず、経済についてあまり深く考えることはありません。そんなことを考えなくても生活していくことはできるし、そもそもなんだかむずかしそうで、考えるのが億劫《おっくう》ですよね。

経済という言葉を聞くとアレルギー反応が起きる人も、多いかもしれません。

では、そういった〝経済〟とは、ひと言でいうと何なのでしょうか？


――経済とは、人間の生活に必要な商品と金銭との、生産から流通、交換と分配、それに消費などの諸活動のこと

経済学の本にそう書いてありましたが、いかにも学者らしい定義ですよね。言葉としてはわかる気がしますが、あまり腹に落ちないという人も多いと思います。

もっと具体的に考えていきましょう。

つぎのページの図は、政治経済の教科書なんかによく載っているものです。経済を形づくっている3つの主体を表した図であり、要は「経済を動かしている3人のメインプレーヤーたち」というわけですね。

たとえば、あなたが会社員であるなら、毎日会社に行って一生懸命働いて、給料日に給料をもらって、そのお金を衣食住や趣味のために使っています。所得税や地方税、消費税など、国に税金もたくさん納《おさ》めていますね。

企業は、労働者を使って生産活動を行い、商品やサービスを市場に提供し、その売上や利益を労働者の給料として支払い、国に対しては法人税などを支払います。

国は、国民や企業から税金を徴収《ちょうしゅう》し、国家の運営や社会福祉《ふくし》・公共サービスのためにお金を使います。

単純化して考えると、お金はこうやって三者のあいだをグルグルとまわり、経済が形づくられるわけです。

少しイメージがわいてきたでしょうか？

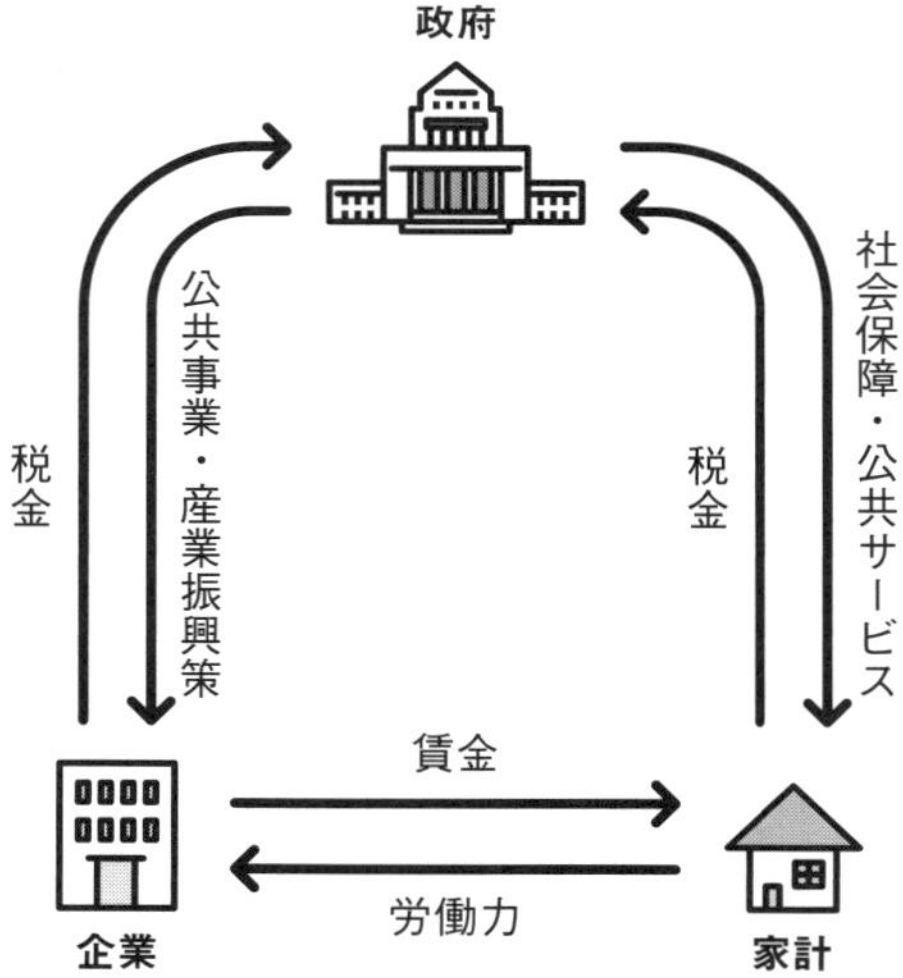
政府
税金
公共事業・産業振興策
税金
社会保障・公共サービス
賃金
労働力
企業
家計

1円も稼げない赤ちゃんも、経済主体

でも、この図から考えると、労働を行って対価としてお金をもらっている人しか、経済活動に参加していないことになりますよね。

たとえば、専業主婦や学生のように一般的な「労働」を行っておらず、対価として1円もお金をもらっていない人たちは、どうなるのでしょうか？

「家計」とあるのは、要は主婦であれば夫、学生であれば両親などの稼ぎに頼るしかなく、経済の視点から見ると「労働者の家来《けらい》」的な扱いとなるのでしょうか？

いえ、そんなことはありません。

彼ら・彼女らも間違いなく、経済主体のひとりなんですね。

たとえば、いちばん極端な例として、赤ちゃんを考えてみましょう。赤ちゃんは自分では何もできないし、もちろん1円も稼ぐことはできませんが、立派な経済主体です。

なぜなら、**赤ちゃんがいることによって成り立っている会社や産業がたくさんあるから**です。

たとえば、産着《うぶぎ》といったベビー服を生産・販売している会社もそのひとつでしょう。ベビーカーやおむつ、ミルクに哺乳《ほにゅう》瓶《びん》、ベビーフード、ベビーベッドや、赤ちゃん用のふとん、おもちゃに絵本、車のベビーシートなど、赤ちゃんに関連する商品やサービスは無数にあります。

これらの赤ちゃん用品を生産・販売している会社は、赤ちゃんが存在しなければ成り立たない会社です。これらの会社に勤めている人は、赤ちゃんが存在しなければ給料をもらうことはできないし、そもそもその会社で働くこともできないでしょう。

赤ちゃんがこの世にいることで、生活できている人はゴマンといるわけです。

たしかに、赤ちゃんは自分でお金を払っているわけではありません。実際にお金を払っているのは親であったり祖父母《そふぼ》であったりするわけですが、大きな枠組みで見ると、赤ちゃんも経済活動を行っていると言えるのです。

つまり、赤ちゃんが存在するだけで経済が動いている、というわけです。

それは、赤ちゃんだけではなく、大人でも同じことです。私たちが存在するだけで、経済は動いているのです。

消費活動を行っていない人は、この世の中にひとりも存在しません。労働（生産活動）にまったく参加していない人であっても、なんらかの消費をしています。部屋からまったく出てこない引きこもりの人であっても、間接的には消費活動を行っています。

「はじめに」でペットボトルの例を挙げましたが、ペットボトルのお茶を買うために支払った150円というお金は、さまざまな人の給料に分配されていきます。私たちは消費活動によって、多くの人の生活を支えているわけですね。

社会貢献とは、新しい何かをつくりだすことだけではなく、消費することによっても成し遂《と》げられるものです。ですから、私たちが働くことにも大きな価値があるし、私たちが消費することにも同じくらい大きな価値があります。

そういう意味で、「人は、ただ生きているだけで価値がある」のです。

残業250時間の「ブラック企業」

話が少し変わりますが、最近、教え子である大学生から、

「どうすれば、ブラック企業を見分けられるようになりますか?」

などと聞かれることが多くなりました。

超長時間労働や名ばかり管理職など、従業員を劣悪《れつあく》な労働環境で働かせる「ブラック企業」の存在が社会的に大きな問題となっていますが、学生からすると、たった一回しかない新卒の機会でそういった会社に入ってしまわないよう、その見分け方を知りたい、というわけです。

たしかに切実《せつじつ》な問題ではありますが、私は「見分け方」を知っても仕方ないと思っています。それよりも、どうすればそういった企業が生まれなくなるのか、その「なくし方」こそ、みんなで考えるべきでしょう。

そこで、学生たちにつぎのような問題を投げかけてみました。

問題
2011年3月に、某大手旅行代理店の系列会社に勤めていた男性社員（40歳）が、自殺してしまいました。自殺前1カ月の残業時間は250時間を超え、労働基準監督署は長時間労働が自殺の原因だったとして、労災《ろうさい》（労働災害）を認定。

自殺した社員の妻によると、会社に泊まったり、自宅で朝まで仕事をし、1時間仮眠して出勤したりする日々だったそうです。

また、2012年4月には、群馬県藤岡市の関越《かんえつ》自動車道を走行中の高速ツアーバスが道路の防音壁に衝突し、乗客45人が負傷、うち7名が死亡するという大事故が起きました。

金沢・東京間を片道3500円で深夜運行するこのツアーバスは大人気でしたが、事故を起こした運転手は、2日間で1000キロ以上をたったひとりで運行しており、労働基準監督署は「運転手に長時間勤務をさせた」として、バスの運行会社とその社長を労働基準法違反の疑いで書類送検しました。

さて、この2つの事件を、みなさんはどう考えますか？

まっさきに学生から挙がってきたのは、

「その旅行代理店が男性社員を殺した！」

「このバス会社は超ブラック企業だ！」

「経営のトップがダメ。従業員を大切にしていない！」

という声でした。

まったくその通りであるように聞こえますが、本当にそうでしょうか？　脊髄《せきずい》反射的に会社や経営者のせいにするのはカンタンですが、なぜそのような状況になってしまうのか、もう少し丁寧《ていねい》に考えてみたいと思います。

誰がブラック企業を生み出すのか？

日本は現在、構造的なデフレに苦しんでいます。

たとえば、1995年から2012年までの日本企業の株価値上がり率を見ると、ヤマダ電機、ファーストリテイリング（ユニクロ）、ニトリなどの会社が上位に来ます。これは、デフレ対応に成功した会社群です。

論者によっては、彼らがデフレを引き起こしたというような議論がありますが、それはまったくの間違いで、原因と結果を混同しています。

一時期流行《はや》った「マーフィーの法則」のなかに、「飛行機では、機内サービスが始まるとよく気流が乱れる。よって、機内サービスが乱気流《らんきりゅう》を巻き起こしているのだ」というジョークがありますが、それに近いですね。

このデフレ状況下の日本でいまも増え続けているのは、年収３００万円以下の層であり、彼らに満足を与える商品やサービスを提供している企業が成長しているのは、当然のことでしょう。

デフレ経済が続くかぎり平均年収はさらに下がり続けるし、ビジネスという意味では、それに対応できる会社が成功していく状況は、今後も続くはずです。

このようなデフレ経済にうまく対応をするためには、消費者に対する価格を下げなければなりません。

なぜなら、**消費者がより安いものを望んでいる**からです。

生産者や販売者に売値《うりね》を下げたい動機はほとんどありません。価格を下げるには、厳しい経営努力が必要になるからです。相当なビジネスモデルの工夫が必要ですし、原価を下げるか、従業員やアルバイトに長時間労働をお願いするか、賃金を引き下げるか、従業員の数を減らすしか手はありません。

このような状況を鑑《かんが》みると、こうは言えないでしょうか？

従業員に過重労働を強《し》いる「ブラック企業」を生み出しているのは、私たち消費者である、と。

低価格帯の旅行ツアーが流行るのも、居酒屋チェーンが朝まで長時間営業しているのも、「お客様のため」と言えば聞こえはいいですが、要は、私たち消費者が求めているからです。

私たちが求めるからこそ、企業はそれに応《こた》えようと頑張るのです。

需要があるから供給が生まれるわけで、**その逆はありません**。私たちが過剰なサービスを望まなければ、そもそもそういったサービスは生まれてこないはずですよね。なぜなら、誰も望んでいないので、商売的に無意味だからです。

ですから、批判も辞《じ》さずにあえて言うと、**「私たちが男性社員を殺した」**のであり、**「私たちがバス事故を引き起こした」**のではないでしょうか？

金沢・東京間の片道運賃は、電車であれば1万円強、飛行機であれば約2万円します。それをたったの3500円で行けるというのは、裏をかえせば、必ずどこかに「無理な値下げのしわ寄せ」が来ているということです。そしてその「しわ寄せ」というのは、日本の場合、だいたいにおいて労働者の過重労働に帰結《きけつ》します。

「できるだけ安く！」という考えは、同時に「ブラック労働」を生み出すのです。

大上段《だいじょうだん》から「〇〇はブラック企業だ！」と言うだけでなく、私たちにも責任があるという議論をもっとすべきだと、私は強く思っています。

いま、〝ブラックスパイラル〟が起きている

「より良くて、より安い商品やサービスを提供する」

これは商売の基本と言えるでしょう。しかし、それが行き過ぎてしまい、過当な価格競争やサービス合戦を行うのは、商品やサービスの提供者だけでなく、受け手の意識や行動にも大きな原因があります。

たとえば、多少価格が高くてもより安全性の高いものがウケるということになれば、企業のほうもコストをかけて安全性を高くし、そのなかで価格競争をしていくことになるでしょう。

これはけっして理想論ではありません。

どんなに安くても安全性の低いものは売れない、という状況になれば、企業にとってそういった商品やサービスを提供する意味はなくなります。まさに、私たちの意識や行動が、需要をつくっているのです。

しかし、残念ながら現状は、そのようにはなっていません。

私の授業では、コンビニや飲食店などのサービス業でアルバイトをしている学生が多いのですが、**「消費者の強烈さに驚いた」**という話をよく聞きます。

お客様はとても偉そうです。格安の居酒屋であっても、非常に高いサービスを求めてくる。横柄《おうへい》な態度と口調で、お店の従業員に怒鳴ったり、威張《いば》り散らす。

199円のビールが出てくるのが少し遅くなっただけで、「ふざけんな」となり、お詫《わ》びが足りないとなると、すぐに「店長を出せ！」「この店には二度と来ない！」となる。

電車が遅延したときに、駅員に対して暴言《ぼうげん》を吐《は》いている人を、みなさんも目撃したことがあるのではないでしょうか？

はたしてその駅員は、お客様に暴言を吐かれるようなヒドいことをしたのでしょうか？

「お客様は神様です」とはよく聞くセリフですが、そういったお客様も、本当に「神様」なのでしょうか？

このような、いわば**「ブラック消費者」**にまできちんと対応しようとすると、大変なことになります。たとえば、電車がたった1、2分遅れただけで、「通勤中の皆様には大変ご迷惑をおかけいたしました。お詫び申し上げます」などという、馬鹿丁寧なアナウンスを流さなければならなくなる。

でも、日本の鉄道会社以上にサービスが行き渡っている鉄道会社が世界にあるでしょうか？　国営の公共サービスでもないのに、1、2分遅延しただけで詫びる必要が、本当にあるのでしょうか？　遅延に納得がいかないのであれば、運賃をお返しするだけではいけないのでしょうか？

このように、消費者の要望にすべて応えようとすると、従業員はさらなる仕事をしないといけなくなるし、とはいえ消費者は「より少ないお金で過剰なサービス」を求めてくるので、商売的にもうま味がなく、「あがったり」でしょう。

そうすると、労働環境はますます悪くなり、ブラック企業は増え続けることになります。そこで働く人たちは仕事中に多大なストレスを感じ、今度は自分が客になったときに、そのストレスを従業員相手にぶつけることになる――。

こうしたバッドスパイラルが起きているのが、いまの日本の状況なのです。

経済は「互恵関係《ごけい》」

以上の状況から見えてくるのは、

「私たちの消費活動は、必ず誰かの生産活動につながっている」

という、重要な真実です。

人は生きているだけで消費活動をしていて、誰かの生産活動に貢献しています。もっと言えば、私たちが消費したお金は誰かの給料になっているし、逆に、私たちが得る給料も、誰かが消費したおかげでもらえているのです。

すべてはつながっている——このことを、経済用語で**「互恵関係」**と言います。

私たちは誰かを支え、誰かに支えられているんですね。

まわりとの関係で私たちは生かし生かされているのだと認識することが、経済を理解するうえでもっとも重要なことです。べつに、経済学のむずかしい理論なんかを覚える必要はありません。

経済が互恵関係で成り立っているとイメージすることができれば、商品やサービス、ビジネスや投資などに対する意識も変わってくるのではないでしょうか？

自販機で買うペットボトルも、もうただのペットボトルには見えないはずです。その背後には、何万人という人たちが関わっていることが見えてくるからです。

給料日に振り込まれる給料も、もうただの数字には見えないでしょう。その背後には、何万人という人たちがいることが想像できるからです。

私の座右《ざゆう》の銘《めい》に**「自他不二《じたふじ》」**という言葉がありますが、これはまさに互恵関係と同じことを言っています。自分と他人はふたつに分けることはできない、という意味であって、もともとは大乗《だいじょう》仏教の考え方なんですね。

自分の喜びは他人の喜びにつながり、他人の幸福は自分の幸福につながる。だから、みんなの幸せを考えることが、最終的に自分の幸せを考えることにつながっていく――この自他不二の感覚が強ければ強いほど、「社会に対して何かしなければ」という意識が生まれてくるし、具体的に寄附や投資といった活動にも結びつきます。

ただし、いまの日本の状況を見ると、**自他不二というより「自他分離」**になっているような気がしてなりません。

何度もくり返すように、自分のことさえ良ければいい、という人が多すぎます。自分の家族や自分の会社さえ悪い目に遭《あ》わなければ、あとの人はどうなってもいい。他人の不幸は自分の幸福で、相手が得をすれば自分は損をする――言葉には出さなくても、腹の底ではそう考えている人が多いのではないでしょうか？

「アリとキリギリス」のアリの姿は、東洋思想の観点から見ると、とても醜《しゅう》悪《あく》なんですね。勤勉だと言って敬《うやま》う気には、とてもなれません。

互恵関係もなければ、自他不二の精神でもないからです。

経済の語源は「共同体のあり方」だった！

「互恵関係であり自他不二だから、みんなの幸せを考えよう」などと言うと、またしても精神論の話か、と思われてしまうかもしれませんが、**経済というものは、その語源からして「みんなの幸せ」を考えるもの**なんですね。

Economy《エコノミー》（経済）の語源は、ギリシャ語のオイコノミア（οἰκονομία）です。
佐藤雅彦《まさひこ》氏と竹中平蔵《へいぞう》氏の共著で、ベストセラーになった『経済ってそういうことだったのか会議』（日経ビジネス人文庫）という本があります。
その本の最初に、慶應《けいおう》義塾大学客員教授の佐藤氏は、経済学者である竹中氏から言われたことを引用しながら、つぎのように語っています。

「佐藤さん、エコノミクスって、ギリシャ語の〝オイコノミコス［oikonomikós］〟から来ているんです。オイコノミコスとはどういう意味かといいますと、共同体のあり方、という意味なんです」

共同体のあり方――。

経済学は、利己的な利益の追求を理論づけるだけの学問だと思っていた僕は、その言葉に少なからぬ感動さえ覚えてしまった。

我々が、個人としてだけではなく、みんなでどのように生きたらみんなで幸せになることができるのか。それを発端《ほったん》とする学問がオイコノミコス、つまり経済学の始まりだったのだ。

今まで、株とか投資とか税とか、なるべく近寄らないようにしてきたことがらが、その経済学者のひとことで、急に自分に関係あることとして考えられるようになったのだ。株も税も、世の中全体がうまくいくために我々の祖先が考え出したことなのだ。


私がみなさんに伝えたいメッセージは、佐藤氏と竹中氏が代弁《だいべん》してくれています。経済とは「共同体のあり方」であり、どのように生きたらみんなが幸せになれるかを考えるのが、経済学の本質だということです。

まさに互恵関係であり、自他不二こそが、経済の本質なのです。

現実的に、世界中のすべての人が幸せになれるかどうかといえば、それはむずかしいでしょう。しかし、だからといって諦《あきら》めるのではなく、絶対に目指すべきものだと思います。それは、交通事故ゼロ、自殺者ゼロを目指すのと似ています。現実的にゼロにすることはできなくても、それを目指して努力すべきなのです。

経済とは、お金を通してみんなの幸せを考えること——このことを、ぜひみなさんは覚えておいてください。

ちなみに、エコノミーを「経済」と訳した日本人は誰かというと、諸説《しょせつ》あってよくわかっていませんが、明治時代に福沢諭吉《ふくざわゆきち》が訳したという説が有力なようです。

経済という日本語は、もともと「経世済民《けいせいさいみん》」という言葉からきています。経世済民という言葉は、中国の東晋《とうしん》時代に道教《どうきょう》研究家の葛洪《かっこう》が記した『抱朴子《ほうぼくし》』に出てくるもので、「世を経《おさ》め、民を済《すく》う」という意味です。

エコノミーを訳すときに、経世済民という言葉に近いと感じて、「経」と「済」を取って「経済」としたわけですね。

このように、経済という言葉の語源を知るだけでも、経済に対する見方が変わってくるのではないでしょうか？

「ありがとう」はチップ

では実際に、どのような行動を取れば「みんなの幸せ」に貢献できるようになるのでしょうか？

私が投資家として第一にアドバイスできることは、**「良い消費者になる」**ということです。さきほども説明したように、私たちは消費者という立場であまりにもモンスターになりすぎていて、王様のように威張りすぎている。まずそこを改善していかなければいけません。

私は居酒屋やレストランに行くと、**必ず「ありがとう」と言う**ようにしています。おいしい食事とすばらしいサービスを提供してもらったのですから、感謝の気持ちを告げるのは当然でしょう。

マクドナルドには「スマイル０円」と書かれていましたが、消費者も「スマイル０円」

です。生産者と消費者は互恵的に対等な立場ですから、こちらからも「ありがとう」と言うべきなのです。

日本にはチップの文化はありませんが、「ありがとう」こそがチップの役目を果たすのだと思っています。

コンビニでアルバイトをしている学生が、「お客さんから『ありがとう』と言われると、自分でも信じられないくらい嬉《うれ》しくなるし、やる気も出てくる」と言っていました。接客業をしたことのある人なら、この感覚がよく理解できるのではないでしょうか？

そうすると、「もっとお客さんに満足してもらうために何をすべきか？」などと考えるようになるのが、人間の自然な感情です。ブラック消費者がブラック生産者を生み出すのと180度逆の、**グッドスパイラルが生まれていきます**。

「ありがとう」と言うことは、最終的には、自分のところに返ってくるんですね。

とはいえ、かく言う私も、昔から良い消費者であったわけではありません。

もう十数年前になりますが、同僚の女性に、ものすごく怒られたことがありました。

私と彼女が二人でタクシーに乗ったとき、あまりにもサービスが悪かったため、私はタクシーの運転手に怒鳴ってしまったのです。

会社に戻ってから、彼女に「あんなふうな言い方をするのは最低だ！　たしかに運転手にはいたらないところがあったけれど、あなたは明らかに自分は上で運転手は下だと思っていた。そんな人間に、資産運用の仕事なんかできるわけがないわ！」と言われたのです。

そのときは少し口喧嘩《くちげんか》になりましたが、あとからじっくり考えてみると、彼女の言っていることのほうが正しいと思いました。たしかに良い消費者でなければ、良い生産者や良い投資家にはなれないと実感したのです。

それから長い時間をかけて、私も努力しました。

まずは、どんな人に対しても紳士的に振る舞うようにしたんですね。

タクシーから降りるときに「ありがとう」と言う。コンビニで買い物をするときに「ありがとう」と言う。吉野家でご飯を食べたあと、カタコト日本語の中国人店員にも「ありがとう」と言う。「謝謝《シエシエ》」でもいいんです。

そうすると、誰もがニッコリします。

とてもよいサービスだと思ったら、彼らの先輩や上司にも聞こえるように、「食事の説明がとてもわかりやすかった」「あいさつが元気でこちらも元気が出たよ」など、具体的に褒《ほ》めるようにもしました。

とはいえ、良い商品や良いサービスに対して「ありがとう」と言うことは、ある意味、カンタンなことでしょう。一方で、たとえば生ビールを机にドンッと叩き付けるような店員に対して、「ありがとう」と言うことは容易ではありません。

なんなんだ!?　と感じるのが、普通の感覚です。

ですがそんなときも、怒ったりしないように頑張り続けました。良い投資家、プロフェッショナルな投資家になるためには、**ここで怒鳴ったら負け**だと自分に言い聞かせたんですね。

このように、かなり意識的に行動するようにしても、**それが「習慣」となるまでには、10年くらいかかりました。**おかげでいまは、自分が経済主体のひとりであり、自分の消費活動が自分の生産活動や投資活動に循環《じゅんかん》して返ってきているという感覚が、かなり持てるようになっています。

ひとりひとりが日本経済

先日、タクシーに乗ったときに、運転手さんに「降りるときにお礼を言う人はどれくらいいますか?」と聞いてみたところ、「20~30人にひとり」という答えでした。

しかも、「紳士やエリートっぽい人、お金を持っていそうな人、長距離を乗る人ほど、感謝の気持ちを言ってくれる」のだそうです。

統計を取ったわけではないので、詳しいことや因果関係まではわかりませんが、やはり感謝を伝える人というのは、お金や労働の価値をわかっている人、経済とはどういうものかを実感している人なのではないでしょうか。私はそう考えています。

お金持ちだからお礼を言うわけではなく、お礼を言う人だからこそお金持ちになったのではないか、と。

人間はそんなに器用な存在ではないので、ある人に対して上下関係を持ち出す人は、じつは腹の底では、すべての人間関係を上下関係で考えていたりします。

店員に対して威圧的《いあつてき》な態度を取る人は、同僚や恋人や友人に対しても威圧的な態度を取ります。実際にそういった態度を取ることはなくても、それは対等に思っているフリをしているだけなので、極限的状況（たとえばケンカなど）になれば、本音が出てくるでしょう。

だから、昔の私のように、サービスの悪いタクシーに怒鳴るような人間は、他の場面でも同じなんですね。部下にも怒鳴るでしょうし、仕入れ業者の人や掃除のおばちゃんにも横柄な態度で接したりするのは、間違いありません。

「下」の人間に対しては、怒鳴る権利があるとでも思い込んでいるのでしょう。

そういうことはむしろ女性のほうがよくわかっていて、デートで相手の男性に対して幻滅《げんめつ》するのは、レストランの店員などに対して横柄な態度をとる人だそうです。

よく聞く話だと思いますが、なぜ彼女らがそれを嫌うのかといえば、それは自分が恋人や奥さんになったときにされる態度だということに、しっかり気づいているからなんですね。

経済は生産者・供給者がつくっているという側面もありますが、実際には、需要家である消費者が決めている部分が大きいと言えるでしょう。

だとすれば、その生産者・供給者の姿も私たち消費者がつくっていて、**消費者の責任**というものがあることになります。

その責任について、一度じっくり考えてみてほしいのです。

アメリカ人や中国人が日本をつくっているわけではないし、政治家や官僚が日本をつくっているわけでもありません。

自分たちの社会を幸せにするのかどうかは、大部分は私たちの行動によるのです。

「ありがとう」と言えば「ありがとう」で返ってくるし、怒りは怒りで返ってきます。

それを止めるのも広めるのも、私たち次第なんですね。

たとえば、こんなことをイメージしてみてください。

あなたのことをなんとなく嫌っている人がいるとします。実際にそういう人が、あなたのまわりにもひとりはいるのではないでしょうか。その人のことを、あなたはあまり好きではありません。苦手意識も持ってしまっているでしょう。

「なんだよアイツ」と思うかもしれませんが、じつはその人があなたのことを嫌っているのは、**あなたがその人のことを嫌っているから**なんですね。

「卵が先か鶏《にわとり》が先か」という話ではありません。相手が自分のことをどう思おうと、あなたがその人に好意を持ち、紳士的に接するようにすれば、いずれふたりの関係性は変わっていくのです。いや、変わっていかざるを得ないと言ったほうが正確でしょう。

相手が変わるのを期待するのではなく、まず自分が変わる。

まず一消費者である自分から変わる。

それが、じつは世の中を良くすることにつながっていくんですね。そしてそれは、きれいごとなどではけっしてなく、きわめて合理的な「経済行為」でもあるのです。

一カ月間の出費をすべて記録すると、何が変わるか？

「ありがとう」と言うことに加えて、良い消費者になるために、みなさんに絶対にやっていただきたいことがあります。

それは、**1カ月間、すべての買い物、すべての消費活動に対して、領収書（レシート）**

を取ることです。

自営業の方でしたら経費計上のためにふつうに行っている行動だと思いますが、会社員となると、やっている方はほとんどいないと思います。

だからこそ、ぜひ一度試してみてください。

もちろん、ノートや何かに記録するのでもいいのですが、手間がかかりすぎるので、領収書をもらうのがいちばん手っ取り早くて、カンタンです。

大きなビニール袋を玄関かどこかに吊《つ》り下げて、帰宅するたびにその日の領収書を投げ込んでおくだけでかまいません。それを1カ月続けて、溜《た》まったすべての領収書を一気に見直してみるのです。

1カ月が長いようでしたら、**1週間でもかまいません**。

まずはやってみることが重要です。

すると、いったい何がわかるか？

まず、いかに衝動《しょうどう》買いをしているか、がわかります。

これはたぶん、集計してみると誰もが感じるところだと思います。私の場合は、コンビニ（特にセブンイレブン）で毎日のように買い物をしていることが判明し、しかもそのほとんどは「なんとなく」買ったものばかりでした。

つぎにわかることは、自分は何にいくらのお金を使っているのか、ということです。なんとなく食費にはこれくらい使っているだろうな、という肌感覚《はだかんかく》は誰しもが持っていると思いますが、具体的に集計してみると、私の場合、「他人との食事」に月のお金のかなりを使っていることがわかりました。

ひとりご飯にはたいしてお金をかけていないけれど、会食《かいしょく》にはジャンジャンお金を使っていたのです。

これはべつに悪いことではなく、「他人との豊かな対話を、人生においても仕事においても最重視したい」という自らの哲学を見事に反映しているな、と感じました。とてもステキなお金の使い方だと、再認識したのです。

人によっては、自分は洋服にお金をいちばん使っているな、ということがわかったりもするでしょう。

このように、自分の消費活動を記録することは、けっして節約するために行うのではありません。もちろんそういう用途にも使えますが、いちばん重要なのは、**「お金の使い方に自覚的になる」**ためです。

自分のお金をステキなものに使う

ちょっと、つぎの2つのケースを考えてみてください。

①仕事の帰り道で――

あなたは、改札を出て自宅に向かう途中、なんとなくコンビニエンス・ストアに入りました。特に何かを購入するのが目的ではありません。ふだんの癖《くせ》で、思わずコンビニに立ち寄ったのです。

まずは雑誌コーナーで、興味があるのかないのかわからないような雑誌を手に取り、パラパラとめくります。惰性《だせい》で2、3誌読んで飽《あ》きたら、今度はドリンクコーナーに向かいます。

「そういえば、のどが渇《かわ》いたなあ」と思って、ペットボトルのお茶を手に取ります。昨晩は、ビールに手が伸びました。

飲み物だけだと口寂《くちさび》しいので、お菓子やつまみコーナーにも行って、物色《ぶっしょく》します。

結局、ペットボトルのお茶2本とポテトチップスを買うことになりました。

計490円。

②休日の繁華街《はんかがい》で――

あなたは、ずっと白いシャツが欲しいと思っていました。休日が訪れたので、雑誌を読んでチェックしておいたファッションブランドのお店に行きます。

お目当てのシャツはあったのですが、予想外に高くて、手が出ません……。

そこで、行きつけのお店にも寄ってみることにしました。白いシャツが置いてあるかどうかはわかりませんが、そこのお店の服は自分の趣味にぴったりなのです。

途中、格安店ものぞいてみましたが、白シャツはあるものの、肌触りやデザインがどうもしっくりきません……。

そうして訪れた行きつけのお店には、着心地も形も納得のいくシャツが！

予算はちょっとオーバーしていたのですが、来月は節約することにして、購入することにしました。

計1万9000円。


さて、前者のコンビニの例と後者の白いシャツの例を比較して、みなさんはどう感じたでしょうか？

誰もが、後者の買い物のほうがステキだと思ったのではないでしょうか？

使ったお金の額の問題ではありません。**重要なのは、あなたが何を考えて、その消費行動を取ったか**、ということです。

前者の場合は、何も考えずにお金を使ってしまう典型的なパターンですね。数多く陳《ちん》列《れつ》されている商品のなかから、ほぼ無作為《むさくい》に選んだものです。無意識では自分の好きなものを選んでいるのかもしれませんが、もともと「それが欲しい」と思っていなかった点がポイントです。

一方、後者の場合は、意識的・積極的に「これが欲しい！」と思って買っています。こういう買い物は、自分の気持ちとしても嬉《うれ》しいし、ウキウキしてきますよね？　自分がステキだと思って買ったものに囲まれる生活は、ただ安いからという理由で買ったものに囲まれる生活よりも、はるかに心地良いでしょう。

そして、重要なポイントは、「消費活動は社会貢献活動である」という観点から考えてみると、自分がステキだと思ったこと（もの）に自分のお金を使う行為は、**そのステキな商品やサービスを提供してくれている会社やそこの従業員たちを応援する行為と同義である**、ということです。

もちろん、コンビニでなんとなく買ったペットボトルも、互恵関係として見ると、その商品を提供している会社を応援することにつながるわけですが、より良い消費者になるためには、自分が応援したいと思っている対象を意識的・積極的に応援していくことが、とても大切になってきます。

それは、この本の後半でじっくりと述べていきますが、**「投資活動」への第一歩**でもあるのです。

たとえば、もしあなたが、日本の古き良き喫茶店はステキだな、と感じるのであれば、チェーンの喫茶店や流行りのカフェではなく、なるべくそういったお店で飲食するようにしてみてはいかがでしょうか？

みんなが「なんとなくスタバ」「惰性《だせい》でマック」となれば、個人商店の喫茶店はいずれほとんど潰れてなくなってしまうでしょう。

これが、「お金の使い方に自覚的になる」ということです。

世の中は、みんなが使ったお金で成り立っています。つい忘れがちですが、自分のカラダが自分の食べたものからしかできていないのと同じことですね。

日本の地方や郊外は「ファスト風土《ふうど》」と呼ばれるように、どこに行っても同じような風景（街道沿いにチェーン店やショッピングモールが建ち並ぶ風景）が広がっていますが、それは、**みんながそういうお金の使い方をしたから、そうなっているだけ**のことです。

現に、ひとり当たり年間600杯もの珈琲《コーヒー》を飲むという珈琲大国イタリアには、スターバックスが一店もありません。独自のバール（珈琲ショップ）文化が根付いていて、スタバができたとしても誰も行かないんですね。

商売として成り立たないので、出店がないのです。

県外の人にはあまり知られていませんが、じつは島根県の松江《まつえ》市も、独特のカフェ文化が根付いていて、チェーンの珈琲屋がほとんどありません。それも、消費者である地域住民の「選択」なんですね。

消費をすることは、大げさではなく、**社会を「創造すること」**でもあるのです。

「孤独」を埋《う》める消費

さて、この章の最後に、「もっともステキじゃない」お金の使い方について、一緒に考えてみたいと思います。

キーワードは、ずばり「孤独」です。

さきほども説明したように、衝動買いはあまりステキなお金の使い方ではありませんが、ではなぜそういった買い物をしてしまうかといえば、私たちが無意識のうちに孤独を感じているからです。

そう、私たちは、**孤独を埋めるための商品やサービスに、思わずお金を使ってしまっているんですね。**

仕事帰りになんとなくコンビニに寄ってしまうのは、暗い夜の中で煌々《こうこう》と明るく輝いている店内に引き込まれてしまうからではないでしょうか？　それは、自然に湧《わ》き起こった孤独感を埋めるためなのかもしれません。

私は、コンビニとは「便利なお店《コンビニエンス・ストア》」というより、「孤独を埋めるお店《ロンリネス・ストア》」だと思っています。

実際に、そのことを証明するデータもあります。

東日本大震災で原発事故が起きたあと、多くのコンビニは節電のために店内の灯《あか》りを暗くして営業していました。店内を暗くしていた時期、コンビニの売上が激減したと言います。もちろん、買い控《びか》えなどの原因も考えられますが、暗いと店内に引き込まれない、という要因も大きかったでしょう。

モバゲーやGREEのようなケータイゲームも、ツイッターやフェイスブックなどのソーシャルメディアも、孤独を埋めるためのサービスですよね。隙間《すきま》時間の寂しさを埋めるために、ゲームをしたり、多くの人とネットでつながっていたいと思うわけです。

じつは、私が販売している投資信託という金融商品にも、「孤独を埋める商品」という側面があります。投資信託は、**シニア層の孤独を埋めているビジネス**だと見ることもできるからです。

60代や70代の人たちは、自分たちの子どもが独立しているので、単身世帯かふたり世帯が多いです。お金は余っているけれど、話し相手がいない。そういう人がたくさんいるのが現実です。

そういう生活のなかで、大銀行や大証券会社の若手営業マン・営業ウーマンが、自宅の玄関まで投資信託を売りにきます。自分の息子や娘、孫世代の、しかも感じの良い若者たちが来て、話し相手をしてくれるわけです。

嫌《いや》みを言ったりもしますが、それも含めて嬉しいのです。話し相手がいるだけで癒《いや》されるのです。

販売員は「毎月分配型」の商品などをおすすめするわけですが、だからといって、老人たちは毎月のおこづかいが欲しいわけではありません。**必要だから買うわけではなく、心の寂しさを埋めてくれるから買っている**わけですね。

れっきとした事実として、たくさん雑談することができる人ほど、良い成果をあげることができます。営業では、商品の説明をするより、相手の愚痴《ぐち》を聞いて、雑談をするほうが成果があがるのです。

それは、本当の売り物は金融商品ではなく、シニア層の孤独を埋めることにある、ということでしょう。

だから、私たちのような投資信託を売る人間からしてみれば、高齢者の〝孤独スイッチ〟を押してあげれば、すんなり契約に結びついてしまいます。ビジネスとしてクールに考えた場合、孤独スイッチを押してあげられれば、それだけ売上があがるわけです。

これは、誰も大きな声では言いませんが、業界での常識となっています。

投資信託を開発・販売している現場では、皮肉を込めて「壺《つぼ》売り」とまで言っています。というのは、怪しい宗教が怪しい教義をもとに高齢者に霊験《れいげん》あらたかな「壺」を高い値段で売りつけているのと、あまり変わらないからです。

しかし、それは本来の意味において、正しい投資信託の売り方ではありません。

私も、そのことをつねに意識していますし、理想と現実との間でいつも葛藤《かっとう》があります。


結局、孤独を埋める商品・サービスが売れるからといって、そのことになんの疑いも持たず、単に孤独を煽《あお》ってしまえば、**結果として孤独感は増幅していき、孤独な人がさらに増えていく**ことになるでしょう。

そうすると、さらにさらに孤独を埋める商品・サービスが市場にあふれ、孤独も無限増殖していく……。

なんだかデフレスパイラルみたいな現象ですね。

経済＝共同体のあり方を考え、創造していくときに、私たちが目指すべき社会の方向性は、それでいいのでしょうか？

「寂しい」という感情は普遍的なものです。私もそう感じるときが当然あります。

でもそれは、ときには自分自身でしっかりと受け止めないといけないのです。寂しいからといって、その感情と直面することから逃げないでください。

電車に乗った瞬間から携帯をずっといじっている人は、もちろん何か用事もあるのだと思いますが、ほとんどが「なんとなく寂しい」からそうしているだけだと思います。

そうやって、お金も時間も自分の人生も「消費」してしまって、本当にいいのでしょうか？　そこを一度、自問してみてほしいのです。


みなさんは、ただ生きているだけで大きな価値があります。

であるなら、その価値をさらに大きなものにするように、**自覚的に行動してほしい。**

私はひとりの投資家として、そう強く思っています。

第4章

世の中に「虚業」なんてひとつもない

みなさんは「会社」というものに対して、いったいどのようなイメージを持っているでしょうか？

多くの人にこの質問を投げかけてみると、会社にネガティブなイメージを持っている人が意外にも多いことに、とても驚かされます。

「会社は生活費を稼ぐところ」という答えはまだかわいいもので、「会社はつらいところ」「自分の個性が消滅してしまうところ」「我慢《がまん》して駒《こま》のように使われるところ」「時間とストレスをお金に換《か》えるところ」、しまいには「人生の墓場だ」という意見まで出てきます。

「結婚は人生の墓場だ」とはよく聞きますが、会社も人生の墓場になってしまうのかとビックリしました。

それほど、会社に対して悪いイメージを持っているのでしょう。

なぜ、そんな残念なことになってしまっているのか？

この章では、みなさんがお金を稼ぐときに必要となる「会社」、そして「仕事」の本質について、考えていきたいと思います。

日本人は仕事も会社も同僚も、あまり好きではない

２００５年に実施された世界価値観調査によると、「余暇《よか》が減っても常に仕事を第一に考えるべきだ」という考えに賛成する日本人の割合は、たったの20・3％でした。

これは、調査した47カ国中最下位であり、15歳から29歳の若年層にかぎってみると、その割合はさらに下がって10・5％です。

日本人はめちゃくちゃ働くのに、心の中では、仕事のことはそんなに好きではないんですね。ドイツでは62・4％、中国でも55・8％、あまりあくせく働かなさそうなイタリアでさえも47・0％の人が、「仕事が第一」だと考えているのとは、じつに対照的です。

そして、会社に対しても同様で、２０１０年に行われた日米調査によると、「アメリカに比べて、日本のサラリーマンは今の職場が嫌いで、仕事内容にも満足していないし、職場内のコミュニケーションも希薄《きはく》で、会社への忠誠心は低い」。

バブル景気中の１９９０年の日米調査でも、「日本のサラリーマンのほうが会社に愛着を感じていないし、友人に自分の会社は勧めないし、人生をやり直せたら今の会社には

入りたくない」と思っている、という結果が出ています（古市憲寿『僕たちの前途』講談社／219ページ参考および引用）。

さらに言えば、日本人は仕事仲間のこともじつはあまり好きではありません。私がかつて在籍していた大手外資系金融機関では、「360度評価」が行われていました。要は、上司だけではなく、同僚や部下からも評価してもらい、それらを総合してその人の業績評価を決めるやり方ですね。

面白いのは、同じ会社でも、**ニューヨーク支社に比べて東京支社のほうが、評価の平均点が必ず低くなる**ことです。

これは、東京支社のほうが人材の質が悪い、という意味ではけっしてありません。要は、日本人のほうが同僚を厳しく見ていて、良い点数をつけないということです。同じ人物であっても、ニューヨークから東京に来ると、評価が下がったりします。

「あいつはこういうところがダメだ」「この人は、まだ○○ができていない」などと、良くない部分に注目するのが特徴で、つまり**お互いに「刺《さ》し合う」**んですね。

一方、アメリカ人は「褒《ほ》め合う」のが基本で、当然、悪いところ・ダメなところも指摘しますが、より良い部分にフォーカスして、評価を下します。

減点方式ではなく、加点方式です。

一般的に、アメリカ人はドライで、日本人は助け合うと思われていますが、**実際にはまったく逆**なんですね。

私は、ＪＰモルガン、ゴールドマン・サックスと、長い間、外資系金融に勤めてきましたが、競争は日系よりも外資系の金融機関のほうがはるかに厳しかったです。でも一方で、部下を元気づけたりする上司の姿勢については、外資系のほうが日系企業よりもはるかに温《あたた》かく、前向きでした。

これは、日系から外資系企業に移って強く感じたことです。

英語は苦手でしたが、誰もが粘《ねば》り強く聞いてくれました。

私は君の美しい英語を聞きたいわけではない、君のアイデアが欲しい、君の企業を見る目や企業を選別する力を評価しているのだから頑張ってくれ、などと上司や同僚から言われ続け、私もやる気になって成果をあげてきました。

会社に対して向き合う彼らの姿勢は、「一緒にいるかぎりは楽しくやろう」だと私は思います。一方で、日本の企業の場合は、会社はつらいところかもしれないけれど、ずっと一緒にやり続けなければならないのだから、**「なるべく波風《なみかぜ》立てずに我慢しよう」**ではないでしょうか？

それが「オトナな」生き方だという考えが、強いように思います。

「会社」とは何か？

このような状況は、とても残念なことでしょう。

なぜならば本来、会社というのは、もっと良いイメージを持たれてしかるべき存在だからです。

その理由を考えてみましょう。

対象の本質を適確につかみたければ、前に「経済（＝経世済民《けいせいさいみん》、共同体のあり方）」のところでも触れたように、その言葉の「語源」を考えてみるといいでしょう。

英語で会社はcompany《カンパニー》、そして、この言葉の**もともとの意味は「仲間」**です。

もうひとつ、会社＝株式会社の「株式」という言葉についても考えてみると、株式は英語でshare《シェア》です。「食べ物をシェアする」とか「シェアハウス」のシェアですね。

「分配」であり、**「分け与えること」**です。

先日、ＮＨＫスペシャルで「ヒューマン　なぜ人間になれたのか」という番組が放映されていましたが、「人間が他の多くの大型哺《ほ》乳《にゅう》類《るい》との競争に負けずに勝ち抜いていった秘密は何か」ということを解き明かしていて、じつに興味深い内容でした。

太古《たいこ》の昔、人間はアフリカで細々《ほそぼそ》と生きていた、弱い哺乳類のひとつだったようです。そんななか、インドネシアで大規模な噴火があり、それによって地球の温度が一気に寒冷化に向かい、多くの生き物が死に絶えました。

人間の祖先も多くが死んでしまい、絶滅の淵《ふち》に立たされたそうです。

しかし、ここからが面白いのです。生き残った人間のうち、さらに生きのびることができたのは、血縁《けつえん》でなくてもお互いに助け合い、少ない食べ物を争わずに分かち合ったグループだけなのだそうです。

要は、「協力」こそが、人間が生き残った大きな戦略であり、人間を人間たらしめている大きな要素だということです。

協力することで「company」になり、いま持っている資源を「share」することは、動物には絶対にできない人間独自のものなんですね。

会社は、けっして「人生の墓場」などではありません。むしろ、**人間が人間らしさを発揮できる場所**です。

そう考えると、少しは会社の見方が変わってきませんか？　前向きな気持ちにもなっていくのではないでしょうか？

もちろん、過度な営業ノルマや長時間労働、パワハラ・セクハラ、業績悪化による将来のリストラの可能性や、単純に賃金が上がらないなど、いろいろな問題はあるでしょう。

日本では、各人の職務がはっきりと決まっていないことが多いので無限に仕事があるし、サービス残業・休日出勤も蔓延《まんえん》しているため、「余暇が減っても常に仕事を第一に考

える べきだ」とはなかなか思えないかもしれません。

そうした労働環境については、法律・制度の面から改善していく必要があると思いますが、**私が問題にしたいのは、人々のマインドについて**です。

たとえば、お客さんから「ありがとう」と言われた瞬間。新規契約をひとつもらったときの瞬間。そんなときのことを思い出してください。

とても嬉しく思ったのではないでしょうか?

そのようなときに感じる誇りこそが、生きている実感や仕事をしてよかったという喜びなのだと思います。

もっと自分の仕事に誇りを持ち、目的を同じくしたcompanyを信じて、人生をかけて労働に取り組んでいくほうが、ずっとずっと楽しいし、充実感もあるでしょう。

会社を人生の墓場だと捉《とら》え、そこにいる時間、自分は死んでいて、会社を出たら復活して生き返るというのでは、**人生の大半の時間を墓に片足を突っ込んで生きる**ことになります。

それはあまりにつらく、つまらない生き方です。

時間の無駄であり、人生の無駄遣《づか》いでもあるでしょう。

なぜ、社長に対して学生がプレゼンを行うのか?

何度かお話ししたように、私は明治大学商学部で「ベンチャーファイナンス論」の授業を受け持っていますが、やはり学生は「会社」というものに対して、あまり良いイメージは持っていないのが現実です。

当然、学生ですから、まだ会社で働いたことはありません。就労《しゅうろう》体験といえばせいぜいアルバイト程度ですし、その多くは飲食店などでの接客業です。

結局、そこで「社員の人がめちゃくちゃ大変そうだった」「仕事が楽しそうではなかった」と感じて、働くことや会社自体に悪いイメージを持ってしまうんですね。

だから、じつは**飲食店の労働環境が良くなることは、日本経済にとってものすごく重要なこと**だと思います。

たまに「働いたら負け」とまで言う人がいますが、そういう人は「働く」ということに対する**ビジョンが狭《せま》すぎます**。テレビなどで聞きかじった情報や、自分の体験だけをもとに判断してしまっているので、働くことが社会貢献につながることや、単純に充実感が得られたり楽しかったりすること、会社＝仲間であり、きわめてポジティブな存在であることにまで、思考がいたらないんですね。

そこで私は、学生に「社長プレゼン」を行ってもらい、働くことのイメージを変えていこうとしています。

上半期は座学《ざがく》で、本書の内容のようなことを教えるのですが、下半期には、実際に何人かの経営者に来てもらい、彼らに対して、学生が班《はん》を組んでプレゼンテーションを行うのです。

プレゼンを通《つう》じて、会社や仕事というものをリアルに知ってもらい、その意義や価値を学生に感じ取ってもらうことが目的（ゴール）です。

毎年、5、6名の経営者の方にお越しいただいていますが、たとえばソフトバンクの孫正義《そんまさよし》さんが来られるとすれば、事前に学生は5、6人で班をつくって、みんなでソフトバンクのことを徹底的に調べて、一度は実際に会社訪問まで行います（コンタクトも自分たちで取るように指導しています)。

そうやって、一カ月弱の時間をかけてソフトバンクのことを十分に理解したうえで、授業ではその企業のトップである経営者、つまり孫正義社長に対して、「ソフトバンクとはどういう会社か」ということをプレゼンテーションしてもらうのです。

ふつうであれば、社長が学生に向かって話をするところですが、私の授業では逆で、学生が社長に向かって話をするんですね。

社長とは、(おそらく)その会社のことをいちばんよく理解している人物です。その人物に対して、もともと何も知らない学生が「この会社はどういう会社か」「どういう歴史があって、何を価値として世の中に提供しているのか」「社長の考え方はどうで、今後、何を目指していくのか」といったことを話さなければならないのが面白いところで、めちゃくちゃ調べて徹底的に考えないと、うまくプレゼンができないようになっています。

そして、プレゼン準備の過程では、財務のことやマーケティング、ブランディング、人事マネジメント、コンプライアンスのことなんかが、わんさか出てきます。要は、「これまでに商学部で学んできたことって、すべてにちゃんと意味があったんだ」ということがわかるような仕組みにもなっているわけです。**バラバラに見えていたものがすべてつながって、全体を俯瞰《ふかん》することができるようになる**——一年間の授業が終わると、学生は本当に見違えるように変わります。

仕事や会社に対して持っていたネガティブなイメージも、紋切《もんき》り型の見方も、かなり払拭《ふっしょく》されるんですね。

NPOや社会起業家に対する誤解

最近、若い世代を中心に「NPO（非営利団体）を立ち上げたい」とか「NGO（非政府組織）にたずさわって社会貢献がしたい」という人が、以前と比べて確実に増えてきていますが、これは、**会社という存在や働くことに対する不信感の裏返し**だと私は考えています。

しかし、その不信感が、自分のあいまいな知識や狭い視野、そして自らの（ネガティブな）体験だけからきているのだとすれば、ちょっと考えものでしょう。

要は、会社とは何か、仕事とは何かもまだよくわかっていないのに、勝手に悪いイメージを持って、そこから逃れるためにＮＰＯやＮＧＯ、そしてボランティア活動などに向かっているのではないか、ということです。

ベンチャーファイナンス論の授業を一年間受けた学生からは、

「いままで、ビジネス＝お金を儲けることにあまり良いイメージがなかったんですが、実際にいくつもの会社のことを調べ、その社長さんたちとお話しする機会をもらって、考え方が１８０度変わりました。社会貢献のためには、むしろお金を儲けないとダメですし、株式会社というのはそもそも社会貢献のための組織でもあるということが初めてわかりました」

といった感想をもらうことが多いです（１３８ページには、授業を受けた学生からの感想文を掲載しています）。

つまり、**「ＮＰＯ・ＮＧＯ＝清貧《せいひん》」であり、「会社・金儲け＝汚豊《おほう》」という考え方が、「会社・金儲け＝清豊《せいほう》」という考え方にシフトする**わけですね。

私はけっして、ＮＰＯやＮＧＯのことを否定しているわけではありません。ステキなことであるし、大いに意義のあることだと思っているのですが（実際に私は、「ティーチ・

フォー・ジャパン」や「スクール・エイド・ジャパン」というNPOの理事やアドバイザーも務めています）、それに安易に向かおうとする考え方に問題がないか、問いたいのです。

私が思うに、深層心理のなかに「人に頭を下げたくない」という思いがあるのではないでしょうか？

NPOやNGOは、会社でのビジネスとまったく同様に、頭を下げることが必要とされる仕事なのに、無理解がある。むしろ、誰かにお金を「施《ほどこ》してあげる」ことだと思っているふしもある。

誰かにお金を渡すと、感謝されるし、かっこいいことであるのは事実でしょう。しかし、実際にNPO・NGOにたずさわってみるとわかることですが、一般的な商売と同様に理不尽の塊《かたまり》で、お金をしっかり集めないと、NPOやNGOは成り立ちません。

そして、お金を集めるときには、接客バイトで接するブラック消費者なんかよりも、もっと強烈な人たちを相手にしないといけない。

要は、企業を相手にするので、回ってみるとけっこうイヤミで不遜《ふそん》な担当者がいて、ワーワー言われるわけです。そこではじめて「現実」を知るのです。

NPOやNGO活動のキモは、人に奉仕するために頭を下げ、罵倒《ばとう》されてでもお金を集めていくことです。ここを理解していない人が、いかに多いことか。だから、NPOやNGOを始めても、勝手に幻滅して、すぐに辞めていく……。

そういう人は、どこかに巨大なお金のプールがあって、そこからいくらかのお金を掬《すく》い取って困っている人たちに渡してあげれば、すぐに「ありがとう!」と感謝されて、「ああハッピーだ、良いことしたなー」という気分に浸《ひた》れると勘違いしています。

でもこれは、考えてみると、ものすごく上から目線ですよね。

「良いことをしている」という意識の裏に大きな甘えがあるので、たとえば援助者に対してきちんと説明責任を果たすとか、寄附をもとにした活動のパフォーマンスを上げていくといった基本的なことが疎《おろそ》かになって、とにかくお金が集まらないし、事業も拡大しない。

「良いことをしているんだから、少し大目に見てください」と、心のなかでは思っているのかもしれません。

日本のNPO・NGOの問題は、ひと言でいえば、**担《にな》い手がアマチュア**だということです。資金調達に対する知識と知恵と責任感が乏《とぼ》しすぎるので、結果的に、中間支援団体もなかなかお金を出すことができません。

結局、お金を出したとしても、ディスクロージャー（情報公開）すらしないような傲《ごう》慢《まん》なNPO・NGOが多いのも、残念なことに事実なのです。

一方で、社会問題の解決のために、多くの人に頭を下げ、資金を集め、面倒くさがらずにきちんと資金の提供者に説明責任を果たし、そしてその大切なお金を無駄なく問題解決のために投じている人たちもいます。

このような人たちのところには実際にきちんと資金が集まるし、彼ら・彼女らはそのお金を使って、問題解決のための具体的なアクションも起こせています。

単なるお金儲けよりもつらく、困難で、ワリに合わないかもしれないことをやる覚悟があるのであれば、ぜひチャレンジしてほしいと思っていますが、いかがでしょうか。

「ぼくはフォースの暗黒面に落ちていた」

NPO・NGOに対する誤解は、「会社」という存在や「お金」に対する誤解から生じているのだと思います。くり返すように、会社やお金が嫌いだから、NPOやNGO、そしてボランティア活動などに**「逃げている」だけ**なのです。

ここで、私の授業を受けた明治大学の卒業生で、私のリサーチ・アシスタントも務めてくれたA君から届いた一通のメールをご紹介したいと思います。

私がみなさんにお伝えしたいことをかなり代弁してくれているので、少し長いですが、全文を掲載しましょう。

藤野さん

半年間、授業お疲れ様でした。藤野さんには学生時代、そして今回のアシスタントを含め、たいへんお世話になりましたので、改めてお礼を言いたく、メールさせていただきました。

私が藤野さんに出会えて良かったと思えたのは、大きく分けて2点あります。

1点目は、金融に関する見方を良い方向に変えてくれたこと。

2点目は、前を向くきっかけを与えてくださったことです。

言葉にするとそれほど大きなことではなく、些細《ささい》なことと感じてしまうかもしれませんが、私にとってこの2つは、自分のこれからの人生を考えるにあたり、重要なターニングポイントとなりました。

というのも、藤野さんと出会う前は、お金に関して良い印象は持ち合わせておらず、自分の未来を信じて投資するというよりも、自己犠牲をしてまわりに尽《つ》くす性質が自分にはあったからです。

また、ある程度、歳を重ねた人間に対して、不信感も強くありました。

少し、昔話をさせてください。私が右記のような偏見《へんけん》や性質を持ったのは、自らの経験によります。いま振り返っても恥ずかしいことではありますが、大学生時代、両親が自己破産をし、家や車を失いました。

また、同時並行で父が躁鬱《そううつ》病になり働けなくなったものですから、学費や生活費を自ら工面する必要がありました。

それまではある程度裕福な暮らしをしていたのですが、このような事態になると親戚や周囲の人間も、手のひらを返すように罵声《ばせい》を浴びせ、離れていく方が多くいました。

自分に何ができるわけでもない（と当時は考えていた）ので、物流倉庫や警備員など、あまり労働環境がよろしくないところで働かざるを得ず、一緒に働く40代や50代の大人たちを見て、自分もやがてこうなってしまうのかと不安の日々を過ごしました。

もちろん、変わらず接してくれる友人もいましたが、自分のなかで無意識に壁を作り出してしまうことや、余裕がなくなり傷つけてしまうこともあり、自己憐憫《れんびん》に浸る日々が続きました。

おまけに、所属していたサークルで経理担当の方が、積立金《つみたてきん》約１５０万円を持ち逃げするという事件もあり（笑）、お金ってそもそも何なのか、なぜ人はお金に左右されるのか、疑問を持つようになりました。

そのようななかで大学４年生となり、ベンチャーファイナンス論で藤野さんに出会いました。

そこで初めて私は、金融とは、「お金の有るところから無いところに流すのが、本来あるべき姿」だということを教わりました。

「投資＝マネーゲーム、お金にこだわるのは卑《いや》しいこと」という先入観から、大きなパラダイムシフトです。自分はいままで、フォースの暗黒面に落ちていたんだということに気がつきました。

藤野さんの授業では、私の知らない世界がたくさん存在していました。そして授業を受けるにつれて、アシスタントをするにつれて、本当に良い刺激を与えてもらったと思います。

田村耕太郎《こうたろう》さん
ネクスト　井上社長
ミュージックセキュリティーズ　小松社長
バリュークリエイト　三富《みとみ》さん　佐藤さん

GMOインターネット　熊谷《くまがい》社長
起業のファイナンス　磯崎《いそざき》さん
HASUNA　白木《しらき》社長
セゾン投信　中野社長

他にも多くの方々のお話を聞かせていただきましたが、特に心に残っているのは右記の方々です。強い問題意識を持ちながら、自分の理想を追い求めようと努力を重ねる方のお話は、自分を奮《ふる》い立たせてくれました。

まだ何者でもないただの学生である自分たちに対し、時間を割《さ》いてメッセージを送ってくださるというのは、いままでの私の人生のなかでは考えられず、とても幸せなことだと感じました。

いま私の胸のなかにあるのは、ここまで面倒を見ていただいたのだから、私は自らの目標を達成する責任があるということです。けっして気負《きお》っているわけではなく、感謝の気持ちから、そう素直に思えるようになりました。

ここ数年、いろんなノイズやプレッシャーが入り、自らのやりたいことに集中することや素直な気持ちで打ち込むことができませんでしたが、いまはようやく穏《おだ》やかな気持ちで物事にフォーカスして取り組むことができています。

藤野さん、貴重な気づきや、勉強となる機会を与えてくださり、本当にありがとうございました。おかげさまで、腐《くさ》ることなく前を向いて行動できるようになりました。

またどこかでお会いできると嬉しいです。

お身体に気をつけ、今後もお仕事頑張ってください。

本当にお世話になりました。


私はこのメールをもらってとても嬉しかったし、本業の合間に大学で授業を続けてきて本当によかったと心から思いました。

また、このように的確に私の授業の意図を理解してくれたA君に対してすばらしいと思うと同時に、このように「前を向く」学生を、これからひとりでもふたりでも増やしていきたいと、さらに強く思うようになったのです（この本を書く動機にもなりました）。

会社とは、きわめて人間的な存在である

A君は「フォースの暗黒面に落ちていた」と言っていますが、言い得て妙《みょう》だと思いました。この章のはじめに、私は、日本人は仕事も会社も同僚も好きではないという話をしたと思いますが、**これはまさに暗黒面に落ちた状態**でしょう。

会社とは、「目的を同じくした仲間《カンパニー》とともに、自らの人生を主体的に生きるためのお金を稼ぎ、同時に社会貢献をも行う場所である」と、もしみんなが捉《とら》えることができたなら、価値観調査の結果はまるで違うものになるはずです。

とはいえ、あまり堅苦《かたくる》しく考えるのも、疲れてしまいますよね。

もう少し気楽に、「会社って悪くないよね」くらいに思えるように、ちょっとつぎのページのイラストをご覧《らん》ください。

上はオフィスで働いている人たちの風景で、下は工場で働いている人たちの風景です。

机に突《つ》っ伏《ぷ》して寝ている人もいれば、女性にセクハラをしている人もいます。仕事とは関係のないマンガを読んでいる人もいるし、趣味のウェブページを見ている人もいます。他の人が働いている脇《わき》で、たばこを吸っている人もいますね。

このイラストには描《えが》かれていませんが、外回りに出て喫茶店で時間を潰している人もいるし、営業車で昼寝をしている人もいます。恋人にメールを送っている人もいれば、ツイッターやフェイスブックをしている人もいるでしょう。

もちろん、一生懸命に仕事をしている人もいます。

楽しく仕事をしている人もいれば、上司に怒られている人もいます。会社や上司、同僚の愚痴《ぐち》を言っている人も、いるかもしれません。

これが、会社の実態です。

実際に働いている人はイメージできると思いますが、まだ会社で働いたことのない学生からしたら、ちょっと信じられないかもしれません。しかし、学校でも、ものすごく勉強している人もいれば、授業中に寝ている人もいるし、「内職」といって他のことをしている人もいましたよね？

会社員になったからといって、全員が真剣に仕事をしているというわけではありません。死ぬほど頑張っている人もいれば、適当に手を抜いている人もいるのです。

また、同じ人であっても、体調や気分、仕事の量などによって、ものすごく頑張っている時期もあれば、適当にサボっている時期もあります。

ですから、会社というのは、単純に良い場所か悪い場所かという両極に分類されるものではないのです。いろいろなシチュエーションがあるということです。

会社のなかを見渡してみると、本当にバラエティ豊かな人間の集まりであることがわかります。**会社とは、本当に多様な人間の集合体**なんですね。

つまり、会社とは、ポジティブやネガティブ、プラスやマイナスなど、すべての感情や意思、頑張りや怠《なま》けといったものが集まった**「ひとりの人間」**であると言えるでしょう。

会社にはステキな面もあるし、フケツな面もある。会社とは、そのような矛盾《むじゅん》をはらんだ存在なのです。

誰でも同じだと思いますが、私にも、美しいところもあれば汚いところもあります。

他の人よりも少し優れているところもあるし、逆にコンプレックスを感じるところもあります。

会社も、私たち人間と同じなのです。

いろいろな人の集合体なのですから、良い点も悪い点もあって当然ですよね。

ただ、それには個別性があって、会計を操作したり、詐欺《さぎ》を働いたり、２０００億円もの年金資金を消失させて多くの資金を懐《ふところ》に入れたりするようなことをする会社もあります。

しかし、これらの会社も、設立当初は良い会社だったかもしれないし、社員の全員が悪い人ではないでしょう。知らずに騙《だま》されていた、という人もいるに違いありません。

だから、**単純に「この会社は悪だ」「あの会社には価値がない」といったレッテルを貼《は》るのではなく、もっと幅広い面で見ていく**ことが、正しい企業観につながるのではないかと思います。

会社の価値は、何で決まっているのか

「会社の価値」を考える際、経営の教科書的には、キャッシュフローの現在価値をもとに算出する「事業価値」と「金融資産」を足して、「企業価値」というものを求めます。

しかし、このようなことを言われても、あまり腹に落ちないと思います。

それよりも、会社の価値というのは、人の生々《なまなま》しい営《いとな》みの結果であると考えるほうが納得できるのではないでしょうか。

つまり、会社を取り巻くすべての人たちの思惑《おもわく》と行動によって会社の価値はつくられている、と考えるほうが、会社に対して正しいつき合い方ができるように思います。

私たちはふだん、会社の価値を株価で計ってしまいがちですが、株価は単なる数字ではありません。その中身を覗《のぞ》いてみれば、笑顔と汗と涙、そしてサボリや妬《ねた》みもぜんぶ含まれています。それらが時価総額として表れているんですね。

加えて、会社の資産や収益、将来の期待感、業界の動向、日本の将来、世界情勢、金利状況などといったさまざまなものも影響を与えています。

会社の価値とは、そういったものがぜんぶ集まって、ぐちゃぐちゃになったものだと

イメージすれば、会社をひとつの〝生態系〟として捉えることができます。良くなったり悪くなったりと時代によって変化するのも、会社がひとつの生き物だからです。

会社のことを「法人《ほうじん》」と言いますが、まさしく人です。

ひとつの生態系として肉体を持った、バーチャルな人間そのものなのです。

そういう面で見ると、会社という生き物に温《ぬく》もりを感じることができるし、大げさではなく、緊張や高揚《こうよう》といった心臓の音まで聞こえてきます。会社の価値を単純な善悪論で語るような発言もできなくなるのではないでしょうか。

経済産業省や金融庁の人たち、日本銀行や東京証券取引所の人たちと金融教育の話題になると、しばしば「学生に株式ポートフォリオゲームをやらせましょう」といった流れになります。

株式ポートフォリオゲームとは、たとえばバーチャルマネーを1億円持って、それをどの株に投資すればお金を増やせるか、競《きそ》い合うゲームです。

しかし私は、そのような金融教育には大反対しています。

なぜなら、さきほど言ったように、会社は血の通《かよ》ったひとつの生き物であり、株式とはそれを「シェア」したもの、つまり「肉体の一部」だという認識を持たないままに投資ゲームを行うと、**単なるマネーゲームになってしまう**からです。

ビジネスや投資をマネーゲームだと思っている人は、株価をデジタルなものだと感じてしまうでしょう。株式（株券）を単なる紙切れだと言う人は、やはり経済のことをわかっていないし、会社の価値を軽く見ているのだと思います。

本来あるべき金融教育とは、働くことに価値があり、その価値ある労働の延長に企業の利益があり、その利益の将来期待が会社の価値を形成していると理解することです。

少なくとも、資本主義社会のなかで金融教育を行うには、まずは労働の意義や会社の本質についてしっかり教えてからでないとダメでしょう。

そういう真っ当な教育がないからこそ、日本の識者《しきしゃ》と呼ばれるような人たちのなかにも、株式投資＝マネーゲームといった誤った偏見を持ってしまっている人が多くいるのが、残念なことに現実なのです。

株主総会でわかる、会社の真面目さ・不真面目さ

さて、会社を「法人という人間」だと捉えてみると、当然そこには真面目な人もいれば、不真面目な人もいることでしょう。

第1章で私は「真面目の本当の意味」について簡単に説明しましたが、ここからは「会社が真面目である」とはどういうことか、みなさんと一緒に考えていきたいと思います。

なぜなら、会社という存在の価値を考えるときに不可欠になってくるからです。

おさらいすると真面目とは、本気であり、真剣であり、誠実であること。そして、「本質とは何か」ということをしっかり考えること、でした。

私は正直に言って、**日本にはすごく不真面目な会社が多い**と思っています。

それは、たとえば会社の株主総会を覗《のぞ》いてみると、端的にわかります。

本来、株主総会で話し合わなければいけないのは、「会社はどうあるべきか」「お客さんとどう向き合うべきか」「従業員とどういう関係を築くべきか」ということです。

会社は経済主体のひとつであり、社会との互恵《ごけい》関係で成り立っています。ならば、消

費者であるお客さんとどのように向き合うかを真剣に話し合うのが、株主総会の場です。

それが、お客さんや投資家に対する使命であるし、会社の真面目さでもあります。

また、従業員と向き合って、どういうスタイルで働いていくのがいちばんステキかを誠実に考えることも、会社の本当の真面目さであると思っています。

それなのに、実際の株主総会では、年間の経常《けいじょう》利益や来年度の事業計画の話などに終始して、本質的なことについては何も触れなかったり、触れたとしてもきわめて形式的で、理念など形骸化《けいがいか》している会社がほとんどです。

これはけっして、真面目な態度ではありません。

法律をちゃんと守っている会社だから真面目、というわけではないんですね。

株主総会やメディアのインタビューなどで経営者が発言するのを見聞きして、最近、私が強く感じているのは、**真剣さや誠実さから来る「僕らはどうあるべきか」というメッセージが聞かれなくなってきた**、ということです。

もちろんゼロではないけれど、明らかに昔と比べて減ってきています。

特に、大企業のトップから真面目なメッセージを聞くことは少なくなりました。彼らは経営者として良いことを言ったりもしますが、どこかポジショントークなところがあって、本気さが感じられないのです。

彼らは、あまりにも本質的なことをバカにしてきたのではないでしょうか。「会社とはどういうものか」ということを考えずに、**ずっと利益だけを追求してきたのかもしれません。**

本質的なことを考えていないのは、従業員も同じです。

「会社はどうあるべきか」などと議論すること自体、カッコ悪いことだと思っている風潮があります。誰かが「そもそも僕らはどうやって生きるべきだろうか」などと言ったら、「そんなことを言う前にしっかり稼いで来い！」と言われてしまうのがオチでしょう。

私がインド人経営者にぶったまげた理由

私は3年ほど前に、インドのムンバイに行き、インフォシス・テクノロジーズというソフトウェア会社を訪れました。

そして、創業者のひとりであるナラヤナ・ムルティ会長とお話しさせていただいたのですが、彼が「私たちの会社の存在は、世界の格差をなくすことにつながる」ということを堂々と言っていたのをよく覚えています。

私が「どのようにして世界の格差をなくすのですか？」と聞いたところ、以下のような答えが返ってきました。

「世界の格差をなくすためには、所得の格差をなくさなければいけない。そのためには、まず教育の格差をなくさなければいけないんだ。教育の格差は、そのまま所得の格差になっているからね。

インドでは、いまだにカースト制が残っているため、貧民層がいっぱいいる。まともな教育を受けられない彼らをなんとかしたいんだよ。

さらに、インドだけでなくアフリカの子どもたちにも教育を受けさせてあげたい。それが、私たちインフォシスの使命であり、役割だ」

さらに彼は「教育格差をなくすためには、僕たちネット企業が頑張らなければいけない。世界中に土管《どかん》を埋めてケーブルを引き、いたるところにサーバーを置く。ものすごい低価格でインターネットが見られるようにする。アフリカで学校をつくるよりも、インターネットの学校をつくるほうが早いんだ。インターネットを通じて、インド工科大学やハーバード大学の授業を見られるようにできたら、僕らは教育の格差を埋められる。教育水準を変えられるんだ。だから、インフォシスには存在価値があるんだよ」

と、熱っぽく語ってくれました。

彼はまた、「政府の役割は雇用の創出《そうしゅつ》ではなく、雇用を生む起業家にインセンティブ（経済用語で「報酬など、人の意欲を引き出すために外部から与える刺激」のこと）を与えることだ」とも言っていましたが、このセリフは、「雇用の創出」ばかり連呼して、起業家をサポートする仕組みを一向に整えようとしない日本の政治家たちに、ぜひ聞かせたいものです。

さらに、同じく訪れたウィプロ・テクノロジーズというインドのＩＴサービス企業も、「私たちの会社はなぜ存在するのか」という議論をくり返しているようでした。

ウィプロの会社説明会では、インド人のファンドマネージャーが「あなたにとって〝成功〟とはなんですか?」と、ウィプロの会長に質問しました。

こんな質問が飛び出すこと自体、日本の会社説明会とは違います。インドでは本質的な問題を常に考えていることの証拠かもしれません。

会長は、きっぱりとつぎのように答えました。

「私の成功とは、長期的な人間関係を築いて、人に奉仕《ほうし》することだ」

私は、ぶったまげました。一般的に成功というと、「お金」「名誉」「地位」といったことを思い浮かべると思います。しかし彼にとって成功とは、そういった類《たぐ》いのものでも、何かをつくることでもないのです。

要するに、たくさんの友達に自分がいろいろなことをしてあげたい。それがいちばんの成功であり、いちばんハッピーだと言うわけです。

逆に、どんなにお金や名誉、地位を手に入れたとしても、友達がいなくて、何かしてあげても「お前なんかにしてもらいたくはないよ！」と思われたら、それは成功とは言えないし、幸せでもないですよね。

私は、彼の話を聞いて、ものすごく感動しました。彼が言っていることは、「まったくその通りだ！」と腹に落ちたのです。多くの友達や仲間がいて、彼らに喜んでもらうことがいちばんステキなことではないかと、私も思えるようになったのです。

本質的で抽象的な質問に対して、すぐに答えが出てくるというのは、**ふだんからそのことについて熟考《じゅっこう》している証拠**でしょう。

なんてステキでなんて真面目なんだろうと、そのインド人経営者と会社のことを大好きになってしまいました。

あなたの会社の社是《しゃぜ》は形骸化していないか？

では、インフォシスやウィプロの会長が言ったようなことが、日本の経営者の口からも出てくるかといえば、ほとんど出てこないでしょう。

「あなたにとって成功とはなんですか？」と質問すると、おそらく「株主の期待に応《こた》えて、企業収益を上げること」という答えが返ってくると思います。

けっして間違いではありませんが、本気でそう思っているのでしょうか？　それしか考えていないのでしょうか？


もちろん、すべての日本企業がダメだというわけではありません。中堅企業やベンチャー企業のなかには、真面目な企業もたくさんあります。

突拍子《とっぴょうし》もないことを言い出す創業経営者がいっぱいいますが、そういう人のほうが意外と「会社とは何か」「成功とは何か」「成長とは何か」ということについて、深く考えていたりします。

たとえば、私の大好きな会社でスタートトゥデイという会社があります。ファッションなどを販売している「ZOZOTOWN《ゾゾタウン》」というウェブサイトを運営している会社といえば、知っている人も多いかもしれません。

会社とは人の集合体なので、それなりに問題があるかもしれないし、悪く言う人もいるかと思いますが、スタートトゥデイの良さは、会社の受付に10分間立っているだけですぐにわかります。

受付に立っていると、そこを通る社員たちがあいさつをしてくれるのです。

「そんなのあたりまえじゃないか！」と思うかもしれませんが、そのあいさつがとてもステキなんですね。

「こんにちは」「いらっしゃいませ」と、いたって普通のあいさつですが、どれもその人らしいあいさつで、ものすごく自然なのです。「お客様には必ずあいさつすること」「その際には、頭を30度以上傾《かたむ》けること」といった、強制されたあいさつではけっしてありません。

一見すると、スタートトゥデイという会社は、すごく自由に見えます。服装も自由ですし、規則に縛《しば》られているような雰囲気は一切ありません。にもかかわらず、社員はステキなあいさつをしてくれる。

その理由は、社是にあると私は思いました。

スタートトゥデイの社是は、**「カッコいいこと」**です。すべての判断は、この「カッコいいこと」かどうかで決められているそうです。

たとえば、あなたが遅刻したとします。一般的な会社では、「就業規則は守らないといけない」と怒《おこ》られます。しかし、スタートトゥデイの場合は、「遅刻は、あなたにとってカッコいいことですか？」と聞かれます。

「遅刻という行為は、カッコいいことか、カッコ悪いことか、考えてみてください」と言われるほうが、いまの若い人には響《ひび》くのではないでしょうか。

「カッコいいかどうか」という問いは、非常に本質的で深いものです。それは、あいさつや遅刻といったことだけでなく、ビジネス全般にも関わってくる問いです。

自分たちだけが儲かって、取引相手を泣かせている状態は、やはりカッコ悪いですよね。取引相手、お客さん、そして自分たちが心地良い気持ちになれるほうがカッコいいと思います。そういう環境をどのようにつくるかを考えるきっかけになるわけです。

会社のあり方を真面目に考えるうえで、社是を「カッコいいこと」としたスタートトゥデイはステキですし、やはりカッコいいと思います。

そういえば、スタートトゥデイの前澤友作《まえざわゆうさく》社長が、ツイッターで彼を批判した女子高生に対して汚い言葉で罵倒《ばとう》したことがありました。その行動は、あまりカッコよくなかったと思います。

それが大問題となった翌日、前澤社長は社員ひとりひとりの席を回って、「こういうことをしてごめんなさい」と謝ったそうです。

謝罪＝負けだと思っている人は「前澤かっこ悪い」と思うでしょうが、きちんと謝ることはステキなことだと思っている人には、とてもカッコいいエピソードになるのでしょう。

従業員の頑張りはお客さんには無関係

先日、ＩＴ企業・サイバーエージェントの社長である藤田晋《すすむ》さんとお会いして、２時間半くらい議論をしました。そこで感じたのは、藤田さんというのはものすごく真面目な方だということです。

社長とはどういう仕事かと尋《たず》ねたとき、彼は即答しました。

「お客さんの代理人です」

彼の頭のなかにある「社長」のイメージは、一般的なピラミッド型組織の頂点ではなく、むしろ、逆《さか》さにしたピラミッドのボトムだと言います。

もちろん、組織の形態としては、企業のトップとして藤田社長がいるわけですが、役割としては、お客さんの立場から会社に向き合っていく。

どうしても、商品やサービスを提供する側の立場になると、知らず知らずのうちに、お客さん目線から供給者目線になってしまいます。売りたいし、成果を出したいし、ある意味それは当然でしょう。

藤田さんが言っていたのは、**供給者目線ではなくお客さん目線で大号令するのは、強い権力を持っているからこそできる社長の役割である**、ということです。

お客さんの求めているものから乖離《かいり》しがちな組織を止めることはトップマネジメントの重要な仕事である、とも言っていました。

アップルの故スティーブ・ジョブズが、まさにそういうタイプの社長だったと思います。彼は、自社の商品やサービスを、企業のトップの視点というより、お客さんの代表としての視点から見ていました。

彼はユーザーに「最高のもの」を届けることだけを考えていたんですね。社内事情的にいろいろと問題があったとしても、それはお客さんからしたら無関係なので、いとも簡単に無視していたそうです。

じつに横暴《おうぼう》ですし、一緒に働く人間からしたら最悪でしょうが、ジョブズは本当に真面目だったんだと思います。

私たちはよく勘違いをしてしまいますが、お客さんにとっては、従業員の頑張りなんて、はっきり言ってどうでもいいんですね。たとえば、**どんなに徹夜で努力していたとしても、出てくる料理が美味しくなければ、飲食店として失格**です。

逆に、あまり努力をしていなくても、美味しければ、お客さんは集まってきます。

「徹夜自慢」「寝てない自慢」をする人は多いですが、社長の仕事とはそういった「頑張り屋」を評価することではなく、お客さんにきちんと価値を提供できる人を評価することだと、私も思っています。

サイバーエージェントが面白いのは、藤田さんは話を聞くかぎり、ものすごい独裁者なんですね。でも、他の有名なオーナー経営者たちに比べて、独裁者批判を聞くことが少ない。

そこで、本人に直接「なんでですか？」と聞いてみると、藤田さんは「最終的な成果をぜんぶ社員にあげているからでしょう」と答えました。

よく「管理職としてうまくやりたければ、部下に花を持たせろ！」などと言いますが、現実には、なかなかできることではありません。でも藤田さんは、たとえば「鈴木さんがこれをやりました。みんなで褒《ほ》めてあげましょう」というふうに、全社員が集まる集会で発表するそうです。

当然、鈴木さんは内心、大喜びです。そうすると、仕事の過程で怒鳴られたりしたこともぜんぶ忘れて、むしろそれは自分を助けてくれたんだ、というふうに自己認識を行うわけです。

部下を褒めることができる人は多くいると思いますが、最後の最後で「これは俺がやった」「たしかに君の手柄《てがら》だが、でもそれは俺がいたからこそできたんだ」などと言ってしまったり、暗《あん》に態度に出してしまいます。

そうすると、それまでいくら褒められていたとしても、うまく動かすために計算で褒めていたんだな、と感じてしまうでしょう。

責任は俺が取るけど、成果は君にやる――。

これが本当にできているのが、藤田社長の真面目さであり、サイバーエージェントのすごさなんですね。

私は藤田社長との議論を通じて、この会社の本質的な競争力を強く感じました。

日本の投資信託がトピックス型だらけの衝撃理由

こういった例と比べると、いまの日本の大企業の不真面目さというものを、私はすごく感じるわけです。

民主主義的な顔をした、でもその実《じつ》、じつに非民主的な会社が多すぎます。

一見、ちゃんと多数決で決めているように見えて、みんなが社長のイエスマンで、誰もお客さんのことを本気で考えてはいない。会議では場の空気でものごとが決まって、社長はもちろんのこと、誰も責任を取らずに問題をうやむやにする。

リーダーは不祥《ふしょうじ》事があったときには謝るけれど、形式的に謝罪をしておけばいいといった感じで、その後に問題の根本原因を解消しようとはしない。

社是・社則があったとしても、ただの標語にすぎず、誰も真剣には考えていない。売上や利益の話しかせず、大事なのは社外からの目や世間的な評判で、社内事情だけで判断がくだされる……こういった会社が、大企業を中心に多すぎるのです。

私は、こういった**不真面目な会社が増えたことが、不況の根本原因のひとつ**だと考えています。

私の話を聞きにくる学生には、「真面目な会社に行って、真面目に仕事をすることが、自身の成長や社会貢献、そして最終的には日本経済の復活にもつながるんだよ」と説明しているのですが、それでもやはり、働いたことのない学生は、会社の規模や知名度、ブランドにひきずられてしまいます。

要は、みんなの知っている大企業ばかりを志望するわけです。

真面目・不真面目という軸は、なかなか判断基準には入らないんですね。

じつは学生だけでなく投資家の大半も、会社の規模やブランドにひきずられてしまっています。

なぜかといえば、ほとんどの投資信託（ファンド）が「トピックス型」だからです。トピックス型とは、東証株価指数（TOPIX《トピックス》＝東京証券取引所第一部上場株式銘柄《めいがら》を対象として、同取引所が1秒ごとに算出・公表している株価の指数）をもとにつくられる金融商品のことで、要は有名な大企業の株だけで構成されています。

では、どうして本来は良い会社をしっかり選ぶことが求められているはずのファンドが、トピックス型ばかりになるのでしょうか？

それは、**運用会社がサラリーマン企業だから**です。

大手の資産運用会社の担当者はサラリーマンなので、サラリーマンとしてのリスクを背負って運用します。つまり、お客さんのお金が増えるかどうかよりも、サラリーマンとして怒られないかどうか、という観点で運用するわけです。

東証株価指数と同じ動きであれば、もしお金が減ったとしても、東証株価指数も落ちているから、と言い訳ができます。責任を回避できるし、クビになることもありません。

こうして、**じつに日本のファンドの90～95%くらいが、良い企業を選ぶという本来のファンドではなく、東証株価指数をベンチマークにした「ミラーファンド」となっています。**

「金の卵」の失望

そういうきわめて不真面目な状況のなか、私たちの会社（レオス・キャピタルワークス）では、東証株価指数をほとんど参考にしないでファンドをつくっています。

では、何を基準にしているかといえば、社会のために役に立っているかどうか、そして、**成長しているかどうか**です。

成長する会社を見極めるのはもちろん簡単ではありませんが、これから成長していく（株価が上がっていく）会社に投資するというのはきわめてシンプルですし、本来ならばそれがあたりまえの基準になっているはずです。

でも、日本のほとんどの会社は、それができません。

運用者の能力が低いわけではけっしてなく、要は**そういう評価体系になっていないだ**

けなんですね。

当社の元ファンドマネージャーで、現在は事業会社でＩＲ（投資家に対する広報活動）を行っている男性がいるのですが、彼はもともと大手の投資信託会社にいました。

最初の出会いは、その会社の専務が彼を連れてきてくれたことです。一緒にディナーをすることになったのですが、その席で専務さんは、

「彼は本当に優秀だ。こいつこそ金の卵だ」

と言っていました。

「なるほど、そうなんですか」と思って、彼らと楽しく食事をしたのですが、その翌日、金の卵から私のところに電話がかかってきて、唐突《とうとつ》に「あなたの会社に転職したい」と言ってきたんですね。

私は、本当にびっくりしてしまいました。

「僕らの会社はベンチャーで、この先どうなるか、まったくわからないけれど、君は大企業にいるし、専務から直々《じきじき》に金の卵だと言われているんだから、考え直したほうがい

いのでは?」と返答したのですが、彼は「とにかく僕の話を聞いてください」と言って聞きません。

彼が、その会社のことが嫌になった理由はこうです。


ある日、アパレル関係の会社でとても良い投資先を見つけたので、上司に推薦《すいせん》したら、すぐに却下されてしまいました。

後日、その上司と飲みに行く機会があったので、彼は「あの会社は少なくとも株価が3倍にはなるんですよ!」と、もう一度説明したのですが、上司は「そんなよく知らない会社なんかよりも、東レのことを調べろ」と言ってきたそうです。

「東レだったら失敗しても許されるから――」

さきほどのトピックス型と同じ理屈です。

彼は納得できず、「でも、お客さんのことを考えて、自分が伸びると思う会社に投資しないと、いい成績なんて出せないじゃないですか!」と上司に食らいつきました。

そこで返ってきた答えに、彼は心底失望してしまったようです。

「お前も若いな。べつに運用成績で君の給料が決まっているわけじゃないんだから、もっと大人になれよ。

君もよく知っている○○先輩は、いい成績を5年間上げ続けたけれど、1年間失敗しただけで、親会社関連の北海道の××支店で、吹雪《ふぶき》のなか、不得意な営業の仕事をやらされることになっただろ？　そういうふうになるんだよ。

君のためを思ってアドバイスするけど、どんなにいい成果を出しても失敗することがあるから、とにかく、他のファンドを見て、みんなと同じにすればいいんだよ。そうすれば、とりあえずビリにはならない。ビリにならないように生きていけば、給料は上がっていくし、そこそこの生活もできる――」

彼は電話口で私に、「僕は日本でいちばんのファンドマネージャーになりたいと思っています。いまの会社にずっといると、腐ってしまうか染《そ》まってしまいそうなので、ぜひ御社《おんしゃ》で修業させてください！」と訴《うった》えてきました。

そういうことだったら、ということで、彼にはすぐに入社してもらったわけですが、残念なことに、**これが日本の大企業の実態**なんですね。

お客さんのことを考える真面目な人はあまり評価されない仕組みになっているし、それを改善していこうという流れも起きてはきません。

いや、もちろんそのようななかでも、頑張っているプロはいるし、真面目さを貫《つらぬ》いている人たちもたくさん知っています。そこが大企業の懐《ふところ》の深さではあるのだけれども、しかし、その人たちが必ずしも本流ではないことが残念でなりません。

ソニー凋《ちょう》落《らく》の兆《きざ》しはプレゼンに表れていた

1999年、コムデックスというITやエレクトロニクスの展示会を視《し》察《さつ》しに、ラスベガスに行ったときのことです。

プレゼンテーションの舞台には、ヒューレッド・パッカードのカーリー・フィオリーナ社長（当時）やシスコシステムズのジョン・チェンバース社長など、錚《そう》々《そう》たるメンツが続々と登場しました。

特に印象的だったのは、マイクロソフトのビル・ゲイツです。

プレゼンは、投資王ウォーレン・バフェットが登場するビデオ映像を流すところから始まりました。

新しいビジネスを立ち上げようと、バフェットと共に悩んでいるゲイツ。

「そうだ、これからはITの時代だから、ITビジネスでも始めるか」とひらめくと、裁判官が現れて、「そんなよくわからないものじゃなくて、コーラにすべきだ！」と木槌《きづち》（裁判で使用する木槌を「ガヴェル」と言うそうです）で机を叩きます。

頭を抱えるゲイツ。

ビデオがそこまで流れると、壇上《だんじょう》に本物のビル・ゲイツが現れて、

「では、私が反論しましょう」

と力強く言い、実際のプレゼンが始まりました。

ビル・ゲイツのプレゼンの上手《うま》さに、思わず私は引き込まれてしまいましたが、感心したのはそこではなく、彼の話の内容です。

ゲイツは、未来の話しかしなかったたんですね。

10年後の社会はこうなっている、たとえば自動車はIT化・インテリジェンス化が進み、どんな人でも安全で快適に目的地まで、場合によっては寝ながらでも着けるようになる。マイクロソフトはそういう豊かな社会の実現のために存在しているんだ、と。

○○という未来を実現したいから、われわれは存在している――こういった**「ミッション・オリエンテッド（使命志向）」**な考え方は、さきほどお話ししたインドのインフォシスやウィプロ社と同じでしょう。

ミッション・オリエンテッドとは、ミッションやビジョンの実現を最重要課題とすることです。会社の商品やサービスも、そのミッションやビジョンの実現のために存在するし、提供する意義があると考えます。

プロダクトがいかに優《すぐ》れているかではなく、いかにその「価値観」をも共有し、「あるべき未来」を実現していくか。そこが重要なんですね。

ジョン・チェンバースも、自分たちは世界中に高品質で低価格のサーバー網《もう》を普及させることによって世界の情報格差をなくしたい、と熱弁《ねっべん》をふるっていました。

さらに、リナックス（Linux）の生みの親、リーナス・トーバルズも歴史的な演説を行いました。そのとき以来、リナックスの商業的普及が成功したと言われています。

さて、ゲイツ、チェンバース、トーバルズに続いて登壇《とうだん》したのが、ソニーの出井伸之《いでいのぶゆき》社長（当時）でした。しかし彼のプレゼンは、他のアメリカ人経営者たちと違って、うちの技術はいかにすばらしいか、という話に終始していたんですね。

途中でたくさんのＡＩＢＯ《アイボ》が出てきて、歩いたり踊《おど》ったりします。

出井氏は「どうです？　すごいでしょ？」といった表情。

そうかと思うと、胸元のポケットからデジタルウォークマンを取り出して、「こんなに小さいのに、すごい音が鳴るんだ」みたいなことを言うわけです。

きわめてプロダクト・オリエンテッドであり、ソニーがあることによって世の中がどう変わるか、みたいな話は一切ありませんでした。

プレゼンの最後、スクリーンに、

「Do you dream in Sony?」

という文字が出てきたのですが、なんと会場からは「NO！」といった声があがりました。苦笑している人もいました。

夢なんて見られないよ、と。

当時はまだソニーの株も高かったし、会場でもビッグ・プレゼンテーターと言われていましたが、アメリカのお客さんからは、すでに鼻でバカにされていたんですね。

それは、プレゼンがヘタだからという理由ではなく、軸がズレていたからです。

そのプレゼン大会から14年が経ちましたが、**日本の大企業はどこに行っても、いまだにプロダクト志向から抜け出せていない**ように思います。

ミッション・オリエンテッドなのは、ごく一部の大企業や少数のベンチャー企業くらいでしょう。

誤解していただきたくないのですが、私はべつに「アメリカ人はすばらしい。日本人はダメだ」ということを言いたいのではありません。

「技術なんて磨《みが》いても無駄」と言いたいのでもありません。

単純に、**自分のことではなく、お客さんのことを真剣に考えてほしい**のです。そのうえではじめて、手段として技術というものが存在するのだと思います。

日本には、不真面目な仕事をしている会社が多すぎます。

もっと、ビジネスに真面目になってください。

これからの日本を担《にな》っていく若い人の力で、「努力」であればなんでも美徳、なのではなく、**「真面目な努力」が美徳になるような社会**にしていってほしいと思っています。

真面目な会社かどうかを見分ける方法

真面目の話をもう少しだけ続けますが、会社が真面目であるためには、お客さんだけでなく、従業員のことも真剣に、そして誠実に考えなければなりません。

そういった意味でも、やはり不真面目な会社が多すぎます。

労働者を簡単に使い捨てにする「ブラック企業」は言うまでもありませんが、近ごろでは、「夢」や「成長」「社会貢献」を餌《えさ》に、若者を安くこき使う会社も増えてきています。成長できるのはもちろんすばらしいことですが、だからといって正当な労働の対価

（お金）を支払わなくていいという理屈にはなりません。

「給料は安いけど、うちの会社だと成長できるから問題ない。将来の君のためになる」などと言う経営者は、やはり不真面目であると言わざるを得ないでしょう。

一見、従業員のことを考えているようで、**じつは自分が得をする（経営的に楽になる）ことしか考えていない**のです。

私が「その会社が真面目かどうか」を判断するために、ひとつの基準としているものがあります。それは**「アニュアルレポート」**です。

聞き慣れない言葉かもしれませんが、アニュアルレポートとは、毎年一回、株主や投資家に配られる年次《ねんじ》報告書のことです。

ビジネス上の正式な書類である有価証券報告書や決算短信《たんしん》などとは違い、各企業が自由なスタイルで書いてもいいものなんですね。だから、自社をアピールするためにどの企業も写真などをいっぱい載せて、わりとビジュアルを重視しています。

多くの会社は、「社員を大切にしている」と言います。

逆に、そう言わない会社はほとんどないでしょう。

ところが、実際にその会社のアニュアルレポートを見てみると、**そこには社員の写真が一枚もなかったりするのです**。だいたいは社長の写真が大きく載っていて、あとは製品や工場といった写真ばかりです。

社長以外の写真が載っていたとしても、取締役などの経営陣か、優秀な事業責任者のみで、一般の社員の姿は見当たりません。

家族写真にたとえると、父親と長男のみが写っている写真を人に見せながら、「私は家族のことをじつに大切に思っているんだ」と父親が言っているようなものでしょうか。当然、母親や他の子供たちは納得できません（つぎのページの図は、日本企業の典型的なアニュアルレポートをイメージしたものです）。

「日経アニュアルレポートアウォード」という、すばらしいアニュアルレポートを表彰《ひょうしょう》する賞があるのですが、私は数年前、専門家のひとりとして審査員を務めました。

そのときに私は、日本の会社のアニュアルレポートには社員の写真が出てこないこと

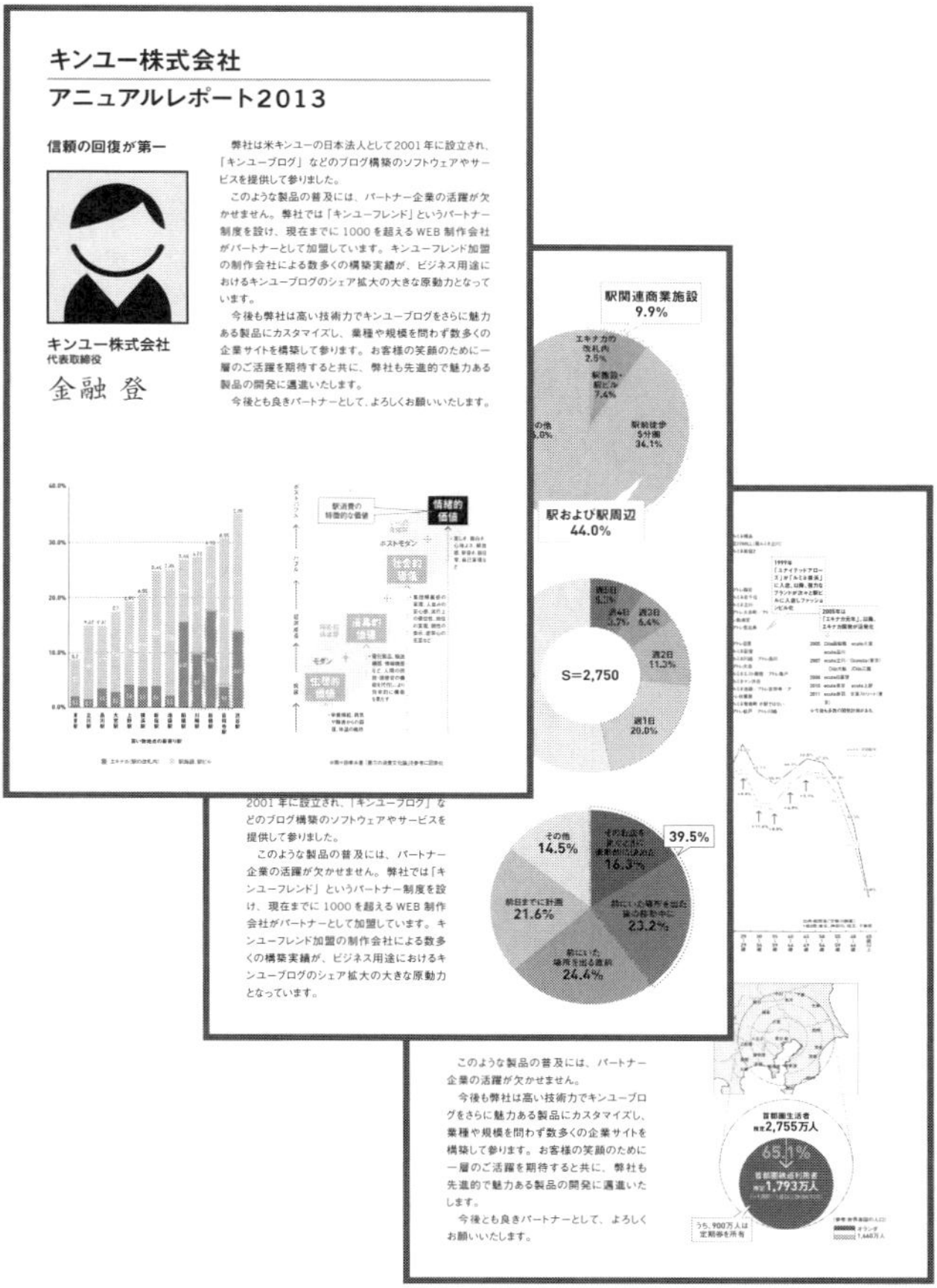
キンユー株式会社
アニュアルレポート2013
信頼の回復が第一
弊社は米キンユーの日本法人として2001年に設立され、「キンユーブログ」などのブログ構築のソフトウェアやサービスを提供して参りました。
このような製品の普及には、パートナー企業の活躍が欠かせません。弊社では「キンユーフレンド」というパートナー制度を設け、現在までに1000を超えるWEB制作会社がパートナーとして加盟しています。キンユーフレンド加盟の制作会社による数多くの構築実績が、ビジネス用途におけるキンユーブログのシェア拡大の大きな原動力となっています。
今後も弊社は高い技術力でキンユーブログをさらに魅力ある製品にカスタマイズし、業種や規模を問わず数多くの企業サイトを構築して参ります。お客様の笑顔のために一層のご活躍を期待すると共に、弊社も先進的で魅力ある製品の開発に邁進いたします。
今後とも良きパートナーとして、よろしくお願いいたします。
キンユー株式会社
代表取締役
金融 登
駅関連商業施設
9.9%
駅および駅周辺
44.0%
S=2,750
39.5%
その他
14.5%
前日までに計画
21.6%
24.4%
23.2%
16.3%
2001年に設立され、「キンユーブログ」などのブログ構築のソフトウェアやサービスを提供して参りました。

このような製品の普及には、パートナー企業の活躍が欠かせません。弊社では「キンユーフレンド」というパートナー制度を設け、現在までに1000を超えるWEB制作会社がパートナーとして加盟しています。キンユーフレンド加盟の制作会社による数多くの構築実績が、ビジネス用途におけるキンユーブログのシェア拡大の大きな原動力となっています。

このような製品の普及には、パートナー企業の活躍が欠かせません。

今後も弊社は高い技術力でキンユーブログをさらに魅力ある製品にカスタマイズし、業種や規模を問わず数多くの企業サイトを構築して参ります。お客様の笑顔のために一層のご活躍を期待すると共に、弊社も先進的で魅力ある製品の開発に邁進いたします。

今後とも良きパートナーとして、よろしくお願いいたします。

首都圏生活者
2,755万人
65.1%
1,793万人
うち、900万人は定期券を所有

を実感したのです。

たとえば、大手の金融機関のアニュアルレポートを見ると、社長や役員ばかりで、社員の写真はほとんど出てきません。まったくゼロというわけではありませんが、圧倒的に少ないのです。

カッコいいチャートとかは載っているけれど、どこか表面的な印象を受けます。

一方、海外の金融機関のアニュアルレポートは、そんなことはありません。たとえば、ゴールドマン・サックスのアニュアルレポートを見ると、「社員の写真集」と言っていいほど、いろんな社員の写真が載っています（アニュアルレポートは、上場企業であれば各社のホームページから見ることができるので、気になった企業や自社のものをぜひ一度見てみてください）。

面白いことに、採用向けの資料やウェブサイトには、日本の会社といえども、一般社員の顔がわんさかと出てきます。

たとえば、メガバンクや大証券会社の新卒情報サイトを見てみても、まるでカタログのように、各部署の社員の写真が掲載されています。

このギャップは、いったいなんなのでしょうか？

私は、**相手によって「顔」を使い分けるといった二面性に、ものすごい不真面目さを感じます**。本当に社員を大事にしているなら、どちらにも等しく載せてしかるべきだと思うのです。

企業業績の開示資料も、欧米の企業はとてもわかりやすく、図やイラストなどビジュアル面の工夫もされています。日本ではそのような企業はとても少なく、むしろ、意識的にわかりにくく書いているのではないかと思えるくらいです。

もちろん、日本にも、ステキなアニュアルレポートを出している会社がいくつもあります。たとえば、武田薬品工業や三菱商事、ソフトバンク、ユナイテッドアローズ・グループなどがそうです。

武田薬品工業のアニュアルレポートは、写真集というほどではありませんが、かなり社員の写真が載っているほうでしょう。

なかには「Takeda's Voice」というコーナーがあり、入社1年目の新入社員から、3年目や5年目の社員、ベテラン社員まで、それぞれの立場のそれぞれの声を掲載しています。また、病院の先生から話を聞いていたりもします。

武田薬品工業は、いま業績的に踊《おど》り場にいますが、会社の中身をしっかり伝えようとする真面目さは伝わってきます。アニュアルレポートという公表されている資料をじっくり読むだけでも、会社の本質は見えてくるのです。

「虚業《きょぎょう》」と言い切る人は、自らの無知をさらけだしている

さて、「会社が真面目である」ということについて、いろいろと述べてきましたが、みなさんは何を感じたでしょうか?

会社とはいわば人間のような存在であって、真面目な人と不真面目な人がいるのと同じように、真面目な会社と不真面目な会社がある、ということです。また、同じ人であっても、真面目なときもあれば、不真面目なときもあります。

あなたが会社員であるなら、あなたの会社は**真面目な会社**でしょうか?

また、あなた自身はいま、**真面目に仕事をしている**でしょうか?


誤解してほしくないのは、私は、不真面目だからといって「価値がない」と言っているわけではない、ということです。

人は生きているだけで価値があるのと一緒で、私は**「世の中のすべての会社や仕事には大きな価値がある」**と考えています。

当然、区別はあります。たとえば、一般的に尊敬されている仕事と尊敬されていない仕事、影響力が大きい仕事と影響力が小さい仕事といった違いはあるでしょう。世の中を良くしようというミッションを強く持っている会社もあれば、そういったものを一切持たない会社も当然あるはずです。

しかし、仕事や会社そのものの価値に差はなく、まったく平等なんですね。

すべての仕事のなかにビジネスチャンスがあり、どの仕事であっても、儲かる会社と儲からない会社、努力する会社と努力しない会社、工夫がある会社と工夫がない会社があるというだけなのです。

たまに、IT業界や金融業界、コンサルティング業界のことを「虚業」と言って批判・揶揄《やゆ》する人がいますが、**私からすると、彼ら・彼女らは差別主義者に見えます。**

仕事や会社に貴賤《きせん》があると思っているわけですから。

実業《じつぎょう》と虚業に分けて考えるような人は、おそらく実業のなかにも差別があるのだと思います。レベルの高い実業とそうでないものがある、といった感じに。

そういう意識に対して、私は**究極の不真面目さ**を感じてしまうのです。

私は本当に「虚業」という言葉が大嫌いです。

ITだろうと金融だろうとメーカーだろうとサービス業だろうと、あらゆる業種の社長さん、約5700人と直接会って話をしてきた私は、世の中のすべての仕事や会社は理由があって存在していることを、自分の目で確認してきました。

虚業なんて、どこにもありませんでした。

提供する商品なりサービスがあり、それを受け入れるお客さんがいるかぎり、その仕事や会社には価値があるのです。

あなたには価値が感じられなくても、誰かの役に必ず立っていて、世の中に価値を提供している。雇用も提供しています。

くり返すように、世の中には儲かる会社もあれば儲からない会社もある。楽な仕事もあれば、汗水たらす仕事もある。意義を感じやすい仕事もあれば、一見、意義を感じにくい仕事もある。

しかし、虚業という仕事は、ひとつも存在しない。

虚《うつ》ろな仕事だと言って、その存在自体をバッサリ切り捨てるような人は、そこにいる**血の通《かよ》った人間のことを想像できない**のでしょう。**社会や経済のことも、何も理解できていない**のだと思います。

イメージだけで、ものごとを語っているのです。

たとえば、虚業の代表格（？）である金融業界ですが、そもそも「金融」とはいったいなんのためにあるのでしょうか？

ひと言でいえば、黒字主体から赤字主体にお金を流すこと。もっとわかりやすくいえば、**お金のあるところからお金のないところにお金を流すことが、金融の役割**なんですね。

水の出ない土地に水道を引こうとする水道屋さんに近いのかもしれません。

いま、お金はないけれど、家や工場を建てたい、もしくは起業したいという人に、余剰資金を融資《ゆうし》や出資《しゅっし》といったかたちで提供することは、**その人にやる気と信用さえあればお金がなくてもチャレンジできる社会のために、絶対に必要な仕事**なのです。

もし「虚業だから」「汗水たらしていないから」という理由で金融業をなくしてしまえば、資産家やエリートや既得権益者《きとくけんえきしゃ》など、恵《めぐ》まれた環境にいる人しか挑戦できない、閉塞《へいそく》した社会になってしまうでしょう。

金融を虚業といって否定する人は、そういった社会を望んでいるのでしょうか？

結局、ものづくりばかり礼賛《らいさん》して、ＩＴや金融の仕事をいかがわしいと感じてしまうのは、「楽して儲けやがって」「うまくやりやがって」という気持ちが強いのでしょう。

自分はこんなに苦労しているのに、なんで自分と同じように苦労しないんだ、と無意識に感じてしまっているのです。

他人を否定することによって、自分の苦労や立場を正当化したいだけです。本当は、羨《うらや》ましいのです。

でも、そうやって他人を羨んだり、引きずり下ろそうとばかり考えていては、ダークなエネルギーばかり溜《た》まって、**世の中が明るく見えない**のではないでしょうか？

自分の人生も、言い訳ばかりのものになってしまいます。

「汗水たらして」という言葉を振りかざす人は、自分だけが努力をしているという傲慢《ごうまん》さ、相手に対する無知や無理解をさらけだしているのかもしれません。

あえて厳しい言い方をしますが、**相手や社会のことを知らないこと、知ろうとしないことのほうが、よほど虚ろな生き方**でしょう。

この本を読む若い人には、絶対にそういう生き方はしてほしくないと思っています。

まずは、「知る」ことから始めましょう。

第5章

あなたは、自分の人生をかけて社会に投資している、ひとりの「投資家」だ

投資は、「お金」ではなく「エネルギー」のやり取り

最終章となったこの章では、いよいよ「投資」をメインテーマに、話をしていきたいと思います。

ここまでで、「お金」「経済」「仕事」「会社」といったものに対してみなさんが漠然《ばくぜん》と抱いていたイメージが、だいぶ変わったのではないでしょうか？

「真面目」の本来の意味も、理解したと思います。

そのうえで、私が断言したいのは、

「投資」に対する考え方こそ、ここで180度変えてほしい

ということです。

私はひとりの〝投資家〟ですが、それは私の職業がファンドマネージャーだからではありません。

じつはみなさんも、〝投資家〟なのです。

株を持っていたり、FX（Foreign Exchange＝外国為替《かわせ》証拠金取引）などをやっている人間だけが投資家なのではありません。

投資というと、ほとんどの人が「お金を出してお金を得ること」だと思っているふしがありますが、それは投資というものの、**ほんのひとつの側面**にすぎない。

じつは「お金」ですら、投資にとっての必須条件ではないのです。

では、投資とはいったいなんでしょうか？

私は**「投資とは、いまこの瞬間にエネルギーを投入して、未来からのお返しをいただくこと」**だと考えています。

それが、私にとっての投資の定義です。

「お金」ではなく「エネルギー」をやり取りするのが投資なんですね。

エネルギーのなかのひとつがお金であって、未来からのお返しのなかのひとつがお金だという認識です。

たとえば、あなたはいまこの瞬間、この本を読んでいますよね？

「お金とは何か」「会社とは何か」ということについて学んでいるわけですが、この事実も「あなたが投資家である」ことの大きな証拠となります。

なぜならあなたは、本を読まずに遊びに行くこともできたはずなんですね。

外で食事やスポーツを楽しんだり、友達と買い物に行くこともできた。

しかしあなたはいま、この本を読んでいる。

通学や通勤電車のなかで読んでいるのだとすれば、本なんて読まずに、携帯ゲームをして過ごしてもいいはずです。

もちろん、何もせずにボーッとしているだけでもいい。

しかしあなたはいま、この本を読んでいる。

あなたは、あなた自身の持っているいちばん大事な資源のひとつである「時間」を、「この本を読む」という行為に使っています。

要は、**エネルギーを投入している**わけです。

そのお返しとして得られるものには、「知識を得る」「視野が拡大する」などがあるでしょう。**お返し＝お金とはかぎらない**のです。

さらに、読んだ瞬間にものごとが理解できたり、視野が広がるともかぎりません。そこにはつねに時間差があります。

この本で得た知識や視点が、今後得られる知識・視点・経験などと結びついて、そのときにはじめて何かを理解したり、見えている世界が変わるかもしれない。

だからこそ、「未来からのお返し」と表現しているわけです。

エネルギーの8要素

エネルギーの要素として、私は以下の8つのものを考えています。

エネルギー

＝情熱×行動×時間×回数×知恵×体力×お金×運

これは「投資の教科書」に書かれているわけではなく、私がイメージするエネルギーの方程式です。
これらの組み合わせが、投資における「エネルギー」なんですね。お金はほんのひとつの側面にすぎない、と言った理由がおわかりいただけると思います。

いくら本を買って読んでも、ただボーッと文字を追うだけではあまり意味はないでしょう。投入するエネルギーが小さいので、投資的に考えると、未来からのお返しも小さくなります。

1年間に100冊読んだとしても、お金と時間だけかかって、特に何も残らないかもしれません。

授業中に嫌いな科目の教科書を読まされている感じをイメージしてみてください。
たしかに、「時間」はかけているかもしれませんが、「情熱」も「知恵」も「体力」もほとんど使っていないので、つぎの日になれば、きれいさっぱり忘れてしまいますよね？
それに比べて、自分が興味のあるジャンルの本を読むときは、熱中して何度も何度も読み込んだりします。情熱・行動・時間・回数・知恵・体力・お金のすべてを大きく使っているので、生み出されるエネルギーも強大になるでしょう。

結果として、大きな知的興奮や深い知見《ちけん》が得られます。


「運」については、少し補足する必要がありますね。

「人事《じんじ》を尽《つ》くして天命《てんめい》を待つ」という言葉があるように、最後の最後は天命というか、運が支配します。絶対にうまくいくと思っても失敗することがあるし、ダメだと思ってもうまくいくことがある。

そういう意味では、**しょせんは運次第**でしょう。

突き放しているわけでも諦《あきら》めているわけでもなく、そのように考えることで、自分のできることを情熱・行動・時間・回数・知恵・体力・お金のすべてをかけて一生懸命やったうえで、**勝っても傲慢《ごうまん》にならず、負けても腐《くさ》らないマインドが持てるようになれる。**

そこが重要なのです。

運に対する考えがないと、努力して失敗したときに大きな失望感を抱くことになるし、成功したときには、他者に対して「おまえが失敗したのは努力が足りないからだ」と短絡的に断定するようになってしまうでしょう。
運については、投資家としてクールに考えるべきなのです。

駅のトイレで出会った、偉大な投資家

つぎに、エネルギーを投入することによって得られる「未来からのお返し」についてですが、さきほど述べたように、これもお金だけではありません。

未来からのお返し
＝プロダクト（モノやサービス）×感謝×成長×経験×お金

お金以外にまず、モノやサービスといったプロダクトがあります。
投資の対象がたとえばパンの工場であれば、できてくるのは当然パンですし、受験勉強にエネルギーを投入すれば、大学への入学許可が得られます。投資を行って一番目に返ってくるのは、目に見える商品や製品、サービスなんですね。

つぎに、目には見えませんが、感謝されたり、成長、経験できたりすることも、お返しとして、大きな意味を持つでしょう。

先日、駅のトイレを利用したときに、便器を磨《みが》いている清掃員の女性を見かけました。とても一生懸命に磨いていたので、私は思わず「こんにちは。きれいにしてくれてありがとう」と声をかけました。

すると彼女は「こちらこそ。声をかけていただいて、ありがとうございます」と答えたんですね。そして自然と、会話を交《か》わすことになりました。

「本当にしっかり磨かれていますね」

「ええ、磨くのは楽しいですね。それに時間のこともありますから、どうすれば早くきれいに磨けるか、いつも考えているんですよ」

「へえ、それはすごいですね」

「私はこの会社（おそらくトイレ掃除の派遣会社）に来るまで、大学のトイレを掃除する会社にいました。大学のトイレ掃除もね、駅と違ってやりがいがあります。学生は、もう盛大に汚すんです。で、私がまたピカピカにするんですよ」

「なるほど、たしかに学生は盛大にやらかしますね（笑）。駅のトイレだと、場所によってきれいだったり汚かったりしますか？」

「ええ、ぜんぜん違いますね。汚いところはどんどん汚くなっていく一方、きれいにすれば、みなさんきれいに使ってくださいます。だから、汚れてるところはね、私ファイトが湧《わ》くんですよー」

そのセリフを聞いて、私は「この人すごいなあ」と思いました。

彼女こそ投資家だと思ったのです。

べつに彼女は株式投資やFXをしているわけではないけれど、**自分の仕事にエネルギーを全力で投入して、給料（お金）だけでなく、世の中からいろいろなお返しをもらっているん**ですね。

私のように言葉に出す人、出さない人を問わず、いろいろな人に感謝されるし、技術を磨いて経験も重ねられる。人間として成長もできるし、きれいなトイレがある社会はすばらしい社会であり、その実現にささやかながらも大きく貢献しています。

このように見ていくと、

「投資とは、利益を得るためにお金を投入することだ」

「お金でお金を稼ぐ行為だから、投資は汚い」

などと言っている人は、逆にすべてのことをお金で換算している証拠ではないかと思います。投資のことをバカにしているし、じつは自分の頭がお金でいっぱいになっていることにも気づいていないのでしょう。

なぜ「カネの話は人生でいちばん大切」なのか？

「藤野さんが言いたいことは、要は自己投資のことですよね？」

そう思われる方もいるかもしれませんが、自己啓発《けいはつ》的な「自己投資」と、私の考える「投資」は、ちょっとニュアンスが異なります。

一般的な「自己投資」は、

「いちばん効率の良い投資は、株式投資や不動産投資ではなく、自分自身に対する投資

だ。会社が潰れても、スキルを身につければ一生食っていけるし、自分に投資すること
でお金持ちにもなれる」

みたいなノリで、要は「この厳しい世界をサバイブする」「勝ち組・お金持ちになる」

といったことが目的になっています。

それに対して、私の考える投資の目的はただひとつ、

「世の中を良くして、明るい未来をつくること」

なんですね。

最大のお返しとは、〝明るい未来〟のことです。

そして、未来が明るくなれば、自分自身もより良い人生を送れるようになります。

少し青臭《あおくさ》く聞こえるかもしれませんが、明るい未来をつくること以外に、投資の目的
はありません。

会社やビジネスに投資（株式投資・不動産投資など）することは**「直接的に、世の中を
良くすること」**であるし、自己投資も**「間接的に、自分を通して世の中を良くすること」**

だと考えています。

当然、**消費をすることも投資**であれば、**選挙で一票を入れることも投資**です。

何度も言うように、多くの日本人は、投資といえばお金の話だと考えています。でも実際は、投資とは「明るい未来をどうつくるか」という話であり、要は「社会と向き合う」、きわめて社会的な行為なんですね。

お金に支配された人生を生きないためには、この視点がとても重要になってきます。

けっして、硬貨や紙幣がお金なのではありません。

お金とは、本来は目に見えない〝エネルギー〟の一種なのです。

みなさんは仕事をすることでエネルギーを生み出し、消費をすることでエネルギーを使っています。

そのエネルギーをどう世の中に流して、みんなと一緒にどんな未来をつくっていくか？

そういったことを考えることこそが、「お金」について考えることであり、お金の哲学だと言えるでしょう。

貯金として眠っているお金、特にタンス預金のお金に、世の中を変えるエネルギーがあるでしょうか？

いいえ、それはエネルギーが消滅した**「死んだお金」**です。

そういった「死んだお金」の収集に熱心になっているのが日本人であり、テレビやニュースの話題も、「死んだお金」をどう分配するか、といった話ばかりです。

そして、多くの人が、自分や自分の家族のためだけに何十年もかけて集めた「死んだお金」を後生《ごしょう》大事に抱えたまま、この世を去っていきます。

ふだん使っているお金にしても、何も考えずに漠然と消費していたり、ただ「安いもの」を買っているのだとすれば、それはかぎりなく「死んだお金」に近いでしょう。

お金に支配された人生とは、自分のことだけを考えている「閉じた人生」に他なりません。

自分さえよければいい、自分の家族さえよければいい、自分の会社さえよければいい、自分の地域さえよければいい、自分の国さえよければいい……こういったものは、きわめて非・投資的な考え方です。

また、日本人に欠けていることとして、**「消費」と「生産」と「投資」のイメージが一体化していない**ことも挙げられます。

お金がエネルギーの一種であり、いろいろなところを流れていることに無頓着《むとんちゃく》であるがために、あるときは消費者の視点だけになり、またあるときは生産者の視点だけになってしまいます。そして、投資家としての視点は抜け落ちています。

人間の目や耳がなぜ二つずつあるかといえば、それは立体的に見聞きするためです。奥行きをもって世界を見るため、と言ってもいいでしょう。

それと同じで、**私たちは「お金」を通して、もっと社会のことや自分の人生を立体的に、奥行きのあるものとして見なければなりません。**

あなたはいま、何に投資をしていますか？

自分がいまこの瞬間もすでに投資を行っているということに、ぜひ自覚的でいてください。私もあなたも、自分の人生をかけて社会に投資をしている、ひとりの「投資家」なのです。

あなたの足元から、世界という大海《たいかい》が広がっています。

その大海で、自分のまわりの波を「うまく」扱うことばかり考えていないでしょうか？

それもたしかに大事だけれど、あなたの少しの行動が大海に潮の流れを巻き起こし、新しい良い波をつくり出せるかもしれない。

そういう意識を持ってほしいのです。

ブレてもいい。揺れ動いてもいい。一歩ずつ理想に近づいていこう

「世の中を良くして、明るい未来をつくる」なんて言うと、ちょっと理想論に聞こえるかもしれませんね。

私たちは、つねに理想と現実のなかで悩みながら生きています。

きれいごとも汚いことも、どちらもたくさんある。そういった状況のなかで、**真の〝投**

資家〟は、理想に閉じこもるわけでもなく、現実に逃げるわけでもなく、理想と現実の間を悩みながら歩いていくものです。

理想は現実をよく説明しないことも多いし、現実だけを見て理想を失うと、羅針盤《らしんばん》を失って航海するようなもので、どこに行くのかわからなくなってしまいます。

たとえば、「正義は勝つ」という言葉がありますが、実際に仕事をしていると、「正義は勝つ」は嘘《うそ》です。正義であっても、負けることはよくあります。

NPOの人たちは、よく「正しいことをしていれば、必ず成果が出るはずだ」と言いますが、現実はそれほど甘くはありません。詐欺《さぎ》に近いようなものが短期的には勝つことも多々あるでしょう。

でもだからといって、「理想を追わずに現実を見ろ」とは、けっして言いません。

やはり最終的には、人は理想を追わなければならないと私は思っています。だからこそ頑張れるし、生きがいを感じることもできるからです。

まだ見ぬ大陸を夢見ることなく、船乗りが大海にこぎ出すことができるでしょうか？

とはいえ、一気に理想に近づくのは無理でしょう。揺れ動きながら、行ったり来たりをくり返しながら、ブレながらでもいいので、一歩ずつ理想に近づいていくしかありません。

それが真面目な生き方であるし、投資家的な生き方でもあるのです。

私が「成長する会社」に投資する理由

第4章でも少し触れましたが、私はファンドマネージャーとして、「成長する会社」を中心に投資することにしています。

もっと言えば、「利益」を上げ続けている会社を狙って投資を行う。

株式市場がステキなのは、どんな会社であろうと、利益が上がればそれに連動して株価も上がるところです。長期的に見れば、利益と株価の高下《こうげ》は完全に一致します。会社の規模や知名度なんて、まったく関係ありません。

成長する会社の株価が上がるという意味でいえば、株式市場はかぎりなく平等でフェアなところだと言えるでしょう。

そして、「利益を上げる」ということをもう少し突っ込んで考えてみると、結局は**「真面目な会社」しか、長期的に利益を上げることはできない**んですね。

短期的には、株主や従業員やお客さんのことを考えないような「不真面目な会社」が利益を上げて、その株価が上昇することもありますが、長期的に見れば、そういう会社はやがて凋落《ちょうらく》します。

なぜなら、法律やお客さんの目も厳しいし、高すぎたり、ニーズがなかったり、品質の悪い「適切でない商品・サービス」は、競争相手によってやがて淘汰《とうた》されていくからです。資本主義社会では、正しい方法で、お客さんや世間からの信用を得られないかぎり、長期的に利益を上げ続けていくのはほとんど不可能でしょう。

要は、真面目に世の中のために努力している会社しか、成長し続けられないというわけです。会社もまた、理想と現実の間で揺れ動きながら、最終的には理想を追求していくべき（いかざるを得ない）存在だと言えるでしょう。

本当の安定とは「成長し、変化すること」

私がCIO（最高運用責任者）を務めるレオス・キャピタルワークスは、2012年度の「R&Iファンド大賞」において、最優秀ファンド賞を獲得しました。国内に1000以上ある投資信託のなかで、第1位。本当に嬉《うれ》しくて涙が出ました（嬉しいことに、その後4年連続で最優秀ファンド賞を頂きました）。

よく好成績を収めるための秘訣《ひけつ》を聞かれるのですが、答えはきわめてシンプルです。さきほども言ったように、「成長する真面目な会社」に投資をすること、**たったそれだけ**です。やろうと思えば、誰にだってできます。

しかし、第4章で述べたように、ほとんどの投資会社は「トピックス型」でしか運用していません。サラリーマンとして、失敗するリスクを取りたくないんですね。

私の運用するファンドにはマイナーな会社の株がたくさん含まれているので、「そんな会社の株を持って、危険じゃないんですか？　リスクが高いですよね？」と聞かれることも多いのですが、それはリスクの意味を完全に取り違えています。

本来、「成長にかける」ことがいちばん安全で、リスクが低いのです。

だから私はビジネスとして、成長株に投資しています。理想論ではなく現実的に、大きな投資成果をあげるためには、**それしか方法がない**とも思っています。

シャープにしろ、ソニーにしろ、どの会社にしろ、危機が叫《さけ》ばれリストラの嵐が吹き荒れているような会社は、単純に「成長していない会社」ではありませんか?

なぜ成長していないかといえば、それはその会社の経営者や従業員が不真面目だからです。もちろん、なかには真面目な人や、必死に努力している人も大勢いるでしょう。

しかし、あえて厳しいことを言えば、やはり本気さや真剣さが足りないのが日本の大企業の姿です。新製品も社内事情でつくられていて、ぜんぜんお客さんのことを考えていなかったりします。

どんなきれいごとを言おうが、古今東西《ここんとうざい》、絶対に変わらない真理は、「真面目に頑張って成長した人や会社が成功し、真面目に頑張らなかった人や会社が失敗する」ということです。

人間がジャングルで生活していた時代からそうで、真面目に頑張らない人が良い生活をできる社会なんてものは、どこにもないわけですよね。

これは、じつにフェアなことだと思います。

地方の田舎の無名会社であろうと、成長するところにいればその人は成長し、東京の大企業であろうと、成長しないところにいればその人はダメになるでしょう。

個人レベルでも、「成長にかける」ことがいちばん安全な道なのです。

だから、私が就職活動中の大学生に言っているのは、会社の知名度や規模、ましてや給料などではなく、**「真面目かどうか、成長しているかどうか」で会社を選べ**ということです。

作家の塩野七生《ななみ》さんが「成果主義はなぜ日本に合わないか」を分析しているエッセイがあるのですが、そのなかで塩野さんは「日本人は歴史的に見ても、**安定を保証されないと力が発揮できない**」と言っていました。

安定が大前提で、最初に安定を与えないと頑張れないのが日本人のメンタリティーなんですね。だから学生も、自分が成長して大きくなったりすることよりも、なるべくボラティリティー（金融用語で「変動性」）のない会社や業界に入ろうとします。

すなわち、イメージとして「安定している」大企業や知名度の高い会社に向かうわけですが、実際にはそういう会社は成長が止まっていることが多く、長期的に見れば変動性がきわめて高い（将来、事業が縮小したり潰れたりする可能性が高い）という、皮肉的な状況になってしまっています。

真の安定とは、変動・変化をしないことでは、けっしてありません。変化と向き合い、変化をチャンスと捉《とら》え、変化（成長）を望んで、実際に動くこと。要は、**変化こそが安定**なのです。

ところが、ほとんどの人はその逆を信じてしまっています。動かないことや、ずっと同じことをやり続けることが安定だと。

赤福《あかふく》という、伝統的なあんこ餅《もち》を売っている伊勢《いせ》（三重県）の会社があります。みなさんもご存じだと思いますが、赤福餅は江戸から続く伝統的な味だと、お年寄りにも若い人にも大人気です。

ところがです。昔のレシピの赤福だと、いまの人は甘すぎて食べられないそうです。日本人はだんだんと薄味を好むようになってきているんですね。

だから赤福では、人々の味覚の変化に合わせて、甘みを少しずつ調整・改良していま す。もし赤福が、「伝統」を振りかざして変化を嫌うような保守的な会社であったならば、おそらくいまは潰れてなくなってしまっているでしょう。

森永製菓の「チョコボール」も、1967年の登場以来、毎年のように味や粒《つぶ》の大きさ、ピーナッツの風味《ふうみ》などを少しずつ変えているそうです。

何も変わっていないように見えて、じつは最初の姿から大きく変化している。

私は投資家として数多くの会社を見てきましたが、時代の変化に合わせて商売や業態を有機的に変化させることができない会社は、業績を落とし、潰れていく運命にあります。これはもう本当に必然です。

変化こそが安定につながる――これはもう法則と言ってもいいでしょう。

あなたはなぜ「行動」できないのか?

日本人が、現金や預金として「死んだお金」を自分の懐《ふところ》に貯め込んでいるのも、変化に向き合う力が弱いことを強く物語っています。

安定感が多少低くなろうとも、変化するよりはマシだという人がほとんどでしょう。上がることもあるけれど下がることもあり得る株式投資なんかより、ほとんど増えないけれど、使わないかぎり減ることはない銀行貯金のほうが心地良いのです。

特に「減る」「失う」ことに対する恐怖心は、尋常《じんじょう》ではありません。

第1章でブラジル株の話をしたと思いますが、投資をしたとしても、ちょっとでも減ったり、元本《がんぽん》割れの危険性が出てくると、パニックになってすぐに手放してしまいます。自分のお金を1円も減らしたくはないんですね。

日本人にかぎらず、**人は得る喜びよりも、失う痛みのほうが大きい**ようです（これは株式のチャート図にもはっきりと表れていて、株価が上昇するときは緩《ゆる》やかなカーブを描きますが、下落するときはかならず急降下します。失う痛みが大きいから、みんな売ってしまうんですね。じつに人間的で、面白い現象です）。

たとえばじゃんけんで、「勝てば10万円もらえるけど、負けたら10万円払う」という「リスク対リターンが1対1」の条件では、ほとんどの人が勝負を行いません。

でもこれが、「勝てば10万円、負ければ3万円〜5万円」くらいになると、けっこうな人がじゃんけん勝負に乗ってきます。

心理学の実験では、**リスク「1」に対して、リターンが「2〜3」になったときに、人は初めて行動しはじめる**のだそうです。

ではみなさんは、現実にどういう条件だったらじゃんけんをしますか？

世の中のほとんどのものは「ローリスク・ローリターン」「ハイリスク・ハイリターン」です。この2つ、一見違うように見えますが、どちらも「リスク対リターンは1対1」なんですね。

現実の世界では、リスクは低いのにリターンが大きいようなものは、なかなか存在しません。リスクとリターンは相互に対応しているのです。

そして、**日本人の問題は、リスクを過剰に恐れてしまっていること**です。

本当は「リスク対リターンが1対1」の条件であっても、「2対1」くらいに捉えてしまっている。たとえ「勝てば10万円、負ければ10万円」の勝負であっても、負けたら20万円も失ってしまう……なんて思っている。

要は、勘違いしているわけですね。

このようにリスクを実際の2倍に間違えて捉えてしまっているような状況では、心理的に考えると、リスクの4〜6倍のリターンが見込めないと、まったく動けないことになります。

これが、日本人がなかなかリスクに挑《いど》むことができない大きな原因だと、私は考えています。安定やリスクに対する正しい捉え方とマインドづくりが必要なのです。

最後の最後は「エイヤ」

最初に安定がないと力を発揮できない日本人は、**リスクがゼロの、まさに「鉄板《てっぱん》（＝ほぼ確実な）」状態じゃなければ、崖《がけ》から跳《と》ぶことができません。**

私もふつうの日本人なので、最初はリスクを過剰に恐れていました。でも、投資の世界に長くいることで、徐々に変化やリスクに対応する力がついてきたのだと思います。

とはいえ、リスクがゼロになることなど現実的にありません。どんな金融商品であろうと、やっぱり失敗するリスク、失うリスクというのは存在しています。

では、そういったリスクがある状況のなかで、われわれファンドマネージャーは、どうやって「決断」するのか？

じつは、**最後の最後は「エイヤ」**なんですね。

エイヤというのは、かけ声の「エイヤッ！」です。ある意味これは立派な投資用語で、業界の人間なら誰しもが知っています。

「そこはエイヤだろう！」といったセリフは、日常茶飯事《さはんじ》です。


投資というのは、自分以外の存在にかけることだと言えます。

エネルギーを他人や他人の活動や他人の会社に投入することで、世の中を良くしていこう、明るい未来をつくっていこうとするわけですから。

そして、投資家としての私にとって最終的に大事なのは、**「人を信じること」**です。

人を信じるとき、「相手のことが100％わかったから、信じよう」という人はいないでしょう。そもそも、人と人は完璧にわかり合うことなどできません。

でも、だからといって「じゃあ信じない」とはならないですよね？

少しでも良いところ、真面目なところ、真剣なところ、本気なところ、自分と通じるところがあれば、信じる気持ちが湧《わ》いてきます。頭でその人のことを理解したから信じるのではなく、ハートで感じるところがあるから信じる。

やはり最後の最後は、論理ではなく、気持ちなんですね。絶対に埋《う》められない穴は、信じて跳ぶしかない。

まさに「エイヤ」です。

私が株式投資で、莫大《ばくだい》なお金をある会社に投入するかどうかを判断するとき、最終的には、信じられるかどうかです。その会社の経営者や従業員や株主のことが信じられれば株を買うし、信じられなければ見送ります。

逆に言えば、**投資が嫌いな人は、人を信じられない人なのでしょう。**

自分以外の人を信じられないから、お金を抱え込むわけです。お金しか信じられないわけです。

それは、同僚や部下のことが信じられず、すべての仕事を自分で抱え込むリーダーの姿に似ているかもしれません。でもそれでは、孤独な成功者にしかなれず、真に大きな仕事もできないでしょう。

みなさんは、「谷底《たにぞこ》の神父《しんぷ》」という寓話《ぐうわ》をご存じでしょうか？

ある谷底に教会がありました。その教会の神父さんは、何十年もその地域のためにお祈りを捧《ささ》げていました。

あるとき、何百年に一度という大洪水《だいこうずい》が起こりました。どんどん水があふれてきます。村人が教会にやって来て、「神父さん、早く逃げましょう。山のほうに行けば助かります」と言いました。

しかし、神父さんは「大丈夫です。私はずっと神様を信じていますから、絶対に奇跡《きせき》が起こります」と言って谷底の教会に残り、お祈りを続けました。

ところが、洪水の水は一向に引く気配がありません。ついに水が教会の敷地内にまで入ってきました。

すると、ボートに乗った村人が教会にやってきて、「神父さん、危ないです。このボートに乗って逃げましょう」と助けに来てくれました。

それでも、「いや、大丈夫です。必ず神様が助けてくれますから心配しないでくださ
い」と神父さんは言って、屋根の上でお祈りを捧げています。

いよいよ、水が屋根にまで上がってきました。神父さんは屋根の先端の十字架の上まで昇って、お祈りを続けました。

今度は、村人がヘリコプターに乗って、神父さんを助けに来ました。縄《なわ》ばしごを垂《た》らして、神父さんに「神父さん、死んでしまうから、はしごにつかまってください！ 本当に助けたいんです！」と懇願《こんがん》します。

しかし、神父さんは「大丈夫です。いまはこういう状況ですが、必ず神様が助けてくれます」と言って、村人の助けを断ります。

結局、神父さんは死んでしまいました。

何十年もお祈りを捧げていたので、天国に行けることになったのですが、天国の入り口で神様に質問をします。

「私はずっと神様のためにお祈りをしてきたのに、どうして奇跡は起きなかったので

すか?」

するど、神様は答えました。

「三回も助けをやったぞ」と。

ちょっとブラックですが、私はこの話が大好きです。

要するに、**奇跡は人が起こすもの**だということです。神父さんは神様のことを信じていたけれど、人のことは信じていなかったわけですね。

同様に、お金教の信者である日本人は、自分と自分のお金は信じていますが、他人のことは信じていません。

まわりの人が信用できず、世の中は敵だらけだと思っているので、社会のなかでお互いに助け合いながら自分が生きているとは、とても思えないのでしょう。**そういう世界観を持てない**のだと思います。

そういう、つながりがなく奥行きもない「閉じた世界」では、他人や社会を信じ、自分が主体的にエネルギーを投入することによって、明るい未来をつくる、未来が明るくなることで自分の人生も明るくなる、といった「自他不二《じたふじ》」「互恵関係《ごけい》」的な発想は、なかなか生まれてこないでしょう。

人を信じられるかどうか——投資家として生きるための**最初の一歩**は、そこにかかっているのです。

投資の果実＝「資産形成」×「社会形成」×「こころの形成」

私が尊敬している会社に、鎌倉《かまくら》投信という会社があります。

古都《こと》鎌倉に、築八十年の古民家を改装したオフィスをかまえているのですが、この会社がすごいのは、「いい会社」にだけ投資をしているところなんですね。

ちょっと鎌倉投信のウェブサイトから、引用してみましょう。

「いい会社をふやしましょう！」

これが鎌倉投信の合い言葉です。

いい会社が増えれば、社会に様々な価値が創造され、雇用が生まれ、その会社に関わる多くの人の幸福感も拡がります。

「いい会社」とは、規模の大小でもなければ、上場非上場も関係ありません。「これからの日本にほんとうに必要とされる会社か否か」です。

株主や経営者など特定の人が多くの利益を得る会社ではなく、社員とその家族、取引先、地域社会、お客様、自然・環境、株主等の利益の調和の上に発展し、持続的で豊かな社会を醸成《じょうせい》できる会社です。規模から質へ、拡大志向から循環志向へ、物から心へ、競争から共創《きょうそう》へと向かう社会の構造変化に順応できる会社です。

彼らは、いい理念に基づいていているいい会社は、絶対に勝ち残っていい成績を残すと信じています。「成長しているかどうか」すらも無視して、理念にかけているんですね。理念が先行していれば、時間はかかってもいずれ利益はついてくるというのが、彼らの基本的な考え方です。

だから、長期スパンで考えて、投資を行っています。

100年個人投資家に支持される長寿投資を目指し、
300年社会に貢献する企業を支援し、
1000年続く持続的な社会を育《はぐく》みます。

私でも、100年や300年、ましてや1000年単位でものごとを考えることは、まだできていません。これは「超長期」の視点です。

そして彼らは実際に、そういったやり方で大きな成果をあげているところが、じつにかっこいいんですね。**100年経てば、誰よりも勝つ**とも言っています。

じつはもうひとつ、外資系のJPモルガン・アセット・マネジメントの運用チーム、JPMザ・ジャパンも強敵《ライバル》です。

2012年の「R&Iファンド大賞」では、レオス・キャピタルワークスと最後まで成績を競《きそ》い合いました。鼻差《はなさ》で私たちが最優秀ファンド賞を獲得したわけですが、つぎはどうなるかまったくわかりません。

JPMは、短期だろうと長期だろうと、理念があろうとなかろうと、とにかくきちんとリスクを取って、株価が上がる会社に投資します。

「成長する真面目な会社」にかけるレオスは、ちょうどＪＰＭと鎌倉投信の間くらいの立ち位置ですね。

鎌倉投信は、とにかく下げ相場のときに力を発揮します。下げ相場のときは本当に下げにくい。それは、時流に大きく左右されるような株を持っていないからです。

でも、上げ相場には弱い。短期間で爆発的には上がらないし、そういうことを目指してもいません。

ＪＰＭは、上がるときはバカみたいに上がります。勝つときは圧勝。でも、下がるときはかなり激しいですね。

レオスの「ひふみ投信」は、鎌倉投信とＪＰＭの中間くらいの値動きでしょうか。

鎌倉投信のウェブサイトには、こういったメッセージも掲載されています。

鎌倉投信は、「投資の果実」をこう定義しています。

投資の果実＝「資産形成」×「社会形成」×「こころの形成」

この三要素のいずれが欠けても投資における真の成功はありません。

こうしたお金の使い方や金融のあり方に多くの人が目を向ければ、社会の底流に自覚と責任、信頼が生まれ、社会は豊かになります。

人は、生き方において、仕事の仕方において、お金の使い方において、社会をより良くすることができます。たとえ一人一人の力は小さくても、真心を持った何万人の投資家が集う投資信託が出来れば、その波及《はきゅう》効果は大きいと思います。

政府や大手資本が大きなお金を動かして何かをするのではなく、小さくても真心と良識のあるお金、意志ある人たちが主体的に参加する金融像が社会をより良くすると実感しています。

本来あるべき金融のレバレッジとは、金融工学による技術的な手法をいうのではなく、信頼と信頼の連鎖から生み出される価値の創造だと考えます。

「信頼と信頼の連鎖から生み出される価値の創造」とは、まさに私がみなさんにお伝えしたいことを代弁《だいべん》してくれているでしょう。

くり返すように、他人や社会への信頼こそが「投資」のベース、第一歩にあるべきだし、その「果実」は、世の中を良くすることだけでなく、「資産形成」や「(個人の) こころの形成」にも波及していくのです。

ネガティブ情報の洪水に溺《おぼ》れそうな、日本の若者たち

とはいえ現実的には、明るい未来を信じられない人が、この国にはたくさんいます。

大学で教えていても、**多くの学生が、最初は自分の将来について暗いイメージを持っている。**「ああ、これが世に言う閉塞感《へいそくかん》というやつか」と、就任した当時は思っていました。

でも、それも仕方ないですよね。

ダメな大企業の業績や、下落し続ける株価の話、崩壊寸前の年金問題など、悲観的なニュースを、毎日イヤというほど見聞きしているのですから。

どんどん気持ちが沈《しず》んでいきます。そして、日本の暗い未来が、自分の未来に連動するように感じてしまうのでしょう。

特に、**年金問題の影響はかなり強い**と思います。

もうネガティブな話しかない。老後をどう生きるべきか、とか、老人の社会的意義みたいな話はまったくなくて、終始「カネカネカネ」。自分のカネが減らされることへの憤《いきどお》りばかりで、「約束と違うじゃないか！」しか言わない。

まさに**「死んだお金」の醜《みにく》い奪い合い**でしょう。

こういったネガティブな情報を、いまの若者は小さいときから何十年もずっと浴《あ》びせられているわけです。

テレビと新聞くらいしか情報伝達手段がなかった時代とは違います。いまはインターネットで、ネガティブ情報が四六時中ずっとついてくるのです。

「明るい未来を信じろ！」と言うのは、無責任な発言なのかもしれません。

しかし、です。

もしもその「ネガティブな情報」が**大きな嘘だった**としたら、どうでしょうか？

誰が日本経済を「失わせた」のか？

私がどうしても納得できない言葉に、「失われた20年」があります。

バブル崩壊後の1990年代は「失われた10年」と呼ばれていましたが、いまでは2000年代も含めて、「失われた20年」という表現が使われるようになりました。長期にわたる日本経済の停滞《ていたい》を表すものとして、一般化・常識化した言葉ですね。

いったい、これの何に納得がいかないのか？

私は、「失われた」という表現自体に、大きな嘘と欺瞞《ぎまん》を感じるのです。

まるで、自分とはなんの関係もないことが原因で日本の経済がダメになってしまったかのように「受動態」で語られていることに、納得がいかないのです。

自分は被害者だとでも言うのでしょうか？

「失った10年」「失った20年」と言うのなら、まだ私も理解できます。自分たちの責任を明確にすることは、つぎの時代を切り開く活力になるからです。

しかし私は、「失った」とも思っていません。

投資家として日本経済を見渡してみると、じつは「失われ」ても「失って」もいないことが、はっきりと見えてくるのです。

その証拠として、ここで2002年12月から2012年12月までの10年間の株価を見てみましょう。

たしかに、TOPIX《トピックス》（東証株価指数：東証一部の全銘柄《めいがら》）は**2％程度の上昇**で、ほとんどフラット。世界の経済や株式市場が大きく上昇し、成長していることを考えると、「失われた（失った）10年」と言ってもいいかもしれません。

さらに、「TOPIX CORE《コア》30」という、時価総額と流動性の特に高い30社で構成された株価指数を見てみると、なんと**24％も下がっています。**

「TOPIX CORE30」を構成する30社（2012年10月末現在）

・日本たばこ産業　・セブン&アイ・ホールディングス　・信越化学工業　・花王　・東芝
・武田薬品工業　・アステラス製薬　・新日本製鐵《せいてつ》　・小松製作所　・日立製作所
・パナソニック　・ソニー　・ファナック　・日産自動車　・トヨタ自動車
・本田技研工業　・キヤノン　・三菱UFJフィナンシャル・グループ
・三菱商事　・三井住友フィナンシャルグループ　・みずほフィナンシャルグループ
・野村ホールディングス　・東京海上ホールディングス　・三菱地所　・三井物産　・KDDI
・日本電信電話（NTT）　・NTTドコモ　・東日本旅客鉄道（JR東日本）　・ソフトバンク

「コア」と言うように、日本経済の核となるような大企業ばかりです。どれも聞いたことのある社名だと思いますし、就職先や投資対象としてすばらしい会社のように思われてもいます。

でも、もし10年前に100万円を投資していたら、76万円になっているんですね。

大企業以外はものすごく成長していた

ではつぎに、同期間の東証二部の株価を見てみましょう。

東証二部の会社は、規模が小さかったり社歴が浅かったりするので、東証一部よりも格下に見られています。

しかし、株価のパフォーマンスを見ると、なんと**10年間で67％のプラス**なんですね。

もし10年前に100万円を投資していたら、167万円になっていたことになります。

これは、プラス2％だったTOPIXとは65％、マイナス24％だった「TOPIX CORE 30」とは**91％もの差**です。

同じ100万円を投資していたら、**たったの10年で91万円も違っていた**わけです。

規模が小さく社歴の浅い会社は、国が守ってくれることもなく自立して生きなければならないので、危機感が強く、必死な会社が多いと私は感じています。その頑張りが成長につながり、株価を上げているのです。

要は、元気な中小企業がたくさんあるということです。

同様に、東証一部の株価ではなく、会社数に注目してみると、**じつは66％の会社の株価が上昇しています**（除く金融）。２６０２社中、１７０５社もの会社の株価が、上昇しているんですね。

これも、ちょっとした驚きです。30％くらいの会社の株価が上がって、残り70％の会社の株価が下がっているのであればわかります。しかし、ＴＯＰＩＸ全体で株価が２％しか上昇していないのに、全体で約70％の会社の株価は上がっているのです。

なぜこういう「不思議な現象」が起きるのでしょうか？

そのカラクリは、時価総額の計算方式にあります。

会社の時価総額は、会社の株数と株価を掛《か》け合わせたものです。東証一部上場のすべての会社の時価総額を足し合わせたものがＴＯＰＩＸですから、どうしても時価総額の大きな会社の影響を強く受けてしまうのです。

つまり、時価総額の大きな大企業の株価が下がると、それだけ全体を表すＴＯＰＩＸの数字も下がってしまうわけですね。

ひと言でいえば、**TOPIXが2%しか上昇していない理由は、日本の大企業がダメだったから**です。じつはその裏側で、東証一部に上場している中小企業（一部の大企業も）は成長していたのです。

株価が上がった約70%の会社を見てみると、平均して毎年7%ずつ利益が出ています。この7%という数字は、非常に大きな数字でしょう。なぜなら、10年で倍になるからです。1.07を10回掛けると、1.967となり、ほぼ2倍になります。

つまり、**日本の東証一部に上場している会社の7割は、この10年間で利益が倍になっている**わけですね。

利益と株価はほぼ同じように動いており、実際に**株価は約2.1倍**になっています。利益においても株価においても、高度経済成長期並みの成長をしているんですね。

そういった状況にもかかわらず、全体を指して「失われた10年」とか「失われた20年」と言うのは、どう考えてもおかしな話でしょう。成長している会社からすれば「ふざけるな！」と思うのではないでしょうか。

よく「日本はダメだった」「株もダメだった」と言われますが、それはイメージだけで、実態を正しく表したものではなかったのです。

日本経済の足を引っ張っている「日本経団連《けいだんれん》」

みなさんは、日本経団連（日本経済団体連合会）の会長と副会長が何名いるか、ご存じでしょうか？

会長はひとりだけですが、**副会長はなんと18名もいます。**

会　長（1名）　※2012年7月現在

米倉弘昌　住友化学会長

副会長（18名）

渡辺捷昭　トヨタ自動車相談役

宗岡正二　新日鐵住金《しんにってつすみきん》会長

西田厚聰　東　芝　会　長

川村　隆　日立製作所会長

坂根正弘　小松製作所会長
三浦　惺　日本電信電話（NTT）会長
小島順彦　三菱商事会長
畔柳信雄　三菱東京UFJ銀行相談役
勝俣宣夫　丸紅会長
大塚陸毅　東日本旅客鉄道（JR東日本）相談役
斎藤勝利　第一生命保険会長
奥　正之　三井住友フィナンシャルグループ会長
宮原耕治　日本郵船会長
大宮英明　三菱重工業社長
石原邦夫　東京海上日動火災保険会長
篠田和久　王子ホールディングス会長
荻田　伍　アサヒグループホールディングス会長
中村芳夫　日本経済団体連合会事務総長（事務の責任者）

錚々《そうそう》たるメンツです。

ここに社名が載っているような会社に就職すれば、少なくとも親や親戚《しんせき》は大喜びするでしょう。自分のプライドも満たされるかもしれません。

ですが、事務の責任者を抜かした18社のうち、最近10年間（2002年9月〜2012

年9月）で**株価が上がったのは、たったの6社**にすぎません。

残りの12社は、株価が下がっています。

たとえば、経団連会長の米倉氏ですが、彼が住友化学の社長になってから現在までで、住友化学の株価は約半分になっています。

株価が上がったのは、コマツ（小松製作所）、三菱商事、アサヒ、丸紅、東京海上、三菱重工のみで、新日鐵住金とトヨタ自動車は微減《びげん》です。

あとの10社はボロボロと言ってもいいでしょう。

そのような人たちが日本の経済界のリーダーなので、「この10年間、日本はダメだった」と言うに決まっています。**「日本は良かった」と言ってしまったら、自分の経営者としての無能さを世間にさらけ出してしまうことになるから**です。

環境のせいにしなければ、「お前らバカじゃん！」と言われてしまいます。

経団連に名前がない大企業でいうと、２００２年９月から２０１２年９月までの10年間で株価を大きく下げているのは、ソニー、ＮＴＴ、ＮＴＴドコモ、パナソニック、三菱地所、みずほフィナンシャルグループ、野村證券、大和証券、日興証券などです（まだまだたくさんありますが……）。

これらも、時価総額が3000億円を超える大企業ばかりですね。

要するに、**日本の10年間もしくは20年間を「失わせた」張本人は、日本の大企業なのです**（もちろん、企業の評価は多面的に行わなければならないので、株価だけで企業や経営者の価値を計るわけにはいきませんが、ここではいちばんわかりやすい指標として、株価を扱っています）。

そして、事実として、私たちの年金資金はこれらの企業に大量に投資されています。あまり報道はされませんが、これらの会社の株価が冴《さ》えなかったことも、年金の資金が消えていく大きな原因のひとつなのです。

日本の一部上場企業の7割近い会社の株価がこの10年間でプラス、かつ倍になっているのに、わざわざ株価を大きく下げた会社の経営者を、経団連の会長・副会長、つまり日本の経済界のリーダーに選ばなくてもいいのではないでしょうか？

はたしてそれは、真面目な態度だと言えるのでしょうか？

私は、株価を少しでも上げたか、もしくは大きく下げていないことを選出の最低基準にすべきだと思っています。

モノクロのレンズを捨てよう。世界はもともとカラフルなところなのだから

もしあなたが、日本の未来、そして自分の将来にあまり希望が持てないのだとしたら、その原因がどこにあるか、一度冷静に考えてみてほしいと思います。

漠然とした閉塞感の正体は、「ネガティブメッセージに毒《どく》されていただけ」という可能性があるからです。

そのメッセージの内実《ないじつ》を解像度を上げて見ていくと、「失われた20年」みたいにじつは大ウソだったり、たいした根拠のない、ただの思い込みだったりします。

親や教師からの刷り込みかもしれないし、世間が騒いでいるだけの決めつけかもしれない。単純に、学校にしろ会社にしろ、自分のまわりにいる人間が前途《ぜんと》に希望を持っていないから、それに引きずられてしまっているだけ、という可能性もあるでしょう。

私は、日本の未来に対してきわめて楽観的に捉えています。

日本の先行きは暗い、とも思っていないし、経済がダメになるとも考えていません。

それは、ひとりの投資家として、全力で生きる多くの人を間近で見てきたから、そう言えるのかもしれません。真面目で、成長している会社を主に見ているので、未来は暗いと思うことのほうが、むしろむずかしいくらいです。


私には、会社がひとつの生命体に見えるし、株券や紙幣がただの紙切れにはどうしても見えない。その裏に、多くの人の努力と忍耐、勇気と挑戦、汗と涙、希望と歓喜、怒りと哀しみ、賞賛と嫉妬《しっと》があることを知っているからです。

私は学生時代、肉体労働をして日給1万円のアルバイト代を手渡しでもらったとき、その1万円をものすごく尊《とうと》く感じました。いつも何気なく手にしているお金なのに、**ただのお金にはどうしても見えなかった**のです。

それとまったく同じ感覚を、いまでは毎日、持つことができています。

投資家とは、お金や、仕事や、会社や、社会のことを、奥行きあるものとして見るこ

とができる人のことを言うのではないでしょうか。

私はそう考えています。

ペットボトルの150円の背後には、目の眩《くら》むような明るい世界が開けているのです。

何も知らず、知ろうとせず、ただ印象だけで平面的に物事を語るほど、不真面目な態度はないでしょう。

日本の未来が暗いと言う人は、**あなた自身が日本の未来を暗くしている**のです。

自分の将来を悲観的に感じている人は、**あなた自身が自分のことを信じていない**のです。

信じたくないし、信じることができないのでしょう。

日本経済も、世の中も、人生も、けっしてモノクロなものではありません。

それ自体は、じつにカラフルなものに違いない。

問題は、あなたがそれを見ていないこと。見ようとしないことです。

あなたは、もしかしたらずっと、モノクロカメラで世界を撮り続けていたのかもしれません。

カメラのレンズをかえてみたら、世界はきっとその色彩を取り戻すでしょう。

あなたは、自分の人生をかけて社会に投資している、ひとりの投資家なのです。

そのことを、本書を閉じたあとも忘れないでください。


あなたには、「お金」よりも信じられるものがありますか？

あなたには、「お金」よりも大切なことがありますか？


その答えを探す旅を、私と一緒に歩み始めましょう。

エイヤ！

星海社新書30

投資家《とうしか》が「お金《かね》」よりも大切《たいせつ》にしていること

二〇一三年 二月二五日 第一刷発行
二〇二五年 三月一四日 第三二刷発行

著者 藤野英人《ふじのひでと》

発行者 太田克史《おおたかつし》
編集担当 柿内芳文《かきうちよしふみ》
編集副担当 岡村邦寛《おかむらくにひろ》
発行所 株式会社星海社
〒一一二-〇〇一三
東京都文京区音羽一-一七-一四 音羽YKビル四階
電話 〇三-六九〇二-一七三〇
FAX 〇三-六九〇二-一七三一
https://www.seikaisha.co.jp
発売元 株式会社講談社
〒一一二-八〇〇一
東京都文京区音羽二-一二-二一
(販売) 〇三-五三九五-五八一七
(業務) 〇三-五三九五-三六一五
印刷所 TOPPAN株式会社
製本所 株式会社国宝社

ブックデザイン 吉岡秀典《よしおかひでのり》(セプテンバーカウボーイ)
フォントディレクター 紺野慎一《こんのしんいち》
本文図版 神林《かんばやし》 美生《みき》、デジカル
校閲 鷗来堂《おうらいどう》
編集協力 森秀治《もりひではる》

ISBN978-4-06-138520-7
Printed in Japan

30
SEIKAISHA SHINSHO

星海社新書ラインナップ

1 武器としての決断思考 瀧本哲史

「答えがない時代」を生き抜くための決断力

教室から生徒があふれる京都大学の人気授業「瀧本哲史の意思決定論」を新書1冊に凝縮。これからの日本を支えていく若い世代に必要な〝武器としての教養〟シリーズ第1弾。

14 僕たちはいつまでこんな働き方を続けるのか? 木暮太一

しんどい働き方は根本から変えていこう!

『金持ち父さん貧乏父さん』と『資本論』の主張は全く同じだった! 資本主義の中でどうすれば労働者は幸せになれるのか? ラットレースからの抜け出し方を作家・木暮太一が丁寧に解説。

16 自分でやった方が早い病 小倉広

仕事をためこむバカにはなるな!

「任せ方がわからない」「任せたくない」「教えるのが面倒」……そんな思考に陥ってはいないだろうか? 本書ではリーダーシップ研修のプロが「本当の任せ方」「人の育て方」を披露する。

SEIKAISHA SHINSHO

星海社新書の

もう1冊の投資本!

大好評発売中

次世代による次世代のための

武器としての教養
星海社新書

星海社新書は、困難な時代にあっても前向きに自分の人生を切り開いていこうとする次世代の人間に向けて、ここに創刊いたします。本の力を思いきり信じて、**みなさんと一緒に新しい時代の新しい価値観を創っていきたい。若い力で、世界を変えていきたいのです。**

本には、その力があります。読者であるあなたが、そこから何かを読み取り、それを自らの血肉にすることができれば、一冊の本の存在によって、あなたの人生は一瞬にして変わってしまうでしょう。**思考が変われば行動が変わり、行動が変われば生き方が変わります。**著者をはじめ、本作りに関わる多くの人の想いがそのまま形となった、文化的遺伝子としての本には、大げさではなく、それだけの力が宿っていると思うのです。

沈下していく地盤の上で、他のみんなと一緒に身動きが取れないまま、大きな穴へと落ちていくのか？　それとも、重力に逆らって立ち上がり、前を向いて最前線で戦っていくことを選ぶのか？

星海社新書の目的は、**戦うことを選んだ次世代の仲間たちに「武器としての教養」をくばることです。**知的好奇心を満たすだけでなく、自らの力で未来を切り開いていくための〝武器〟としても使える知のかたちを、シリーズとしてまとめていきたいと思います。

2011年9月

星海社新書編集長　柿内芳文

SEIKAISHA
SHINSHO